ことだまのちから

超常戦士　ケルマデック

徳間書店

プロローグ

テレビゲームなどなかった私の少年時代、私が熱中した遊びのひとつは、パッチン遊びでした。

パッチン、つまりメンコのことです。

パッチンをうちつけ、風圧で相手のパッチンを裏返したら、そのパッチンをゲットできるのですよ。

少年たちはみな、この遊びに熱中したのです。

蠟《ろう》を染み込ませた蠟パッチンや、油を染み込ませた油パッチンなど、カスタマイズも盛んでしたね。

私も日々自主トレを行い、最強のパッチンマスターを目指していたのです。

ヨロズ君という、手強いパッチンマスターの同級生がいました。

彼は、「新造人間キャシャーン」に登場するブライキング・ボスが描かれたパッチンで、圧倒的な強さを誇っていたのです。

彼はそのパッチンを、当時のソ連の政治家にちなんで「ブレジネフ書記長」と名付け、快進撃していたのでした。

「いけっ！　ブレジネフ書記長!!」


当時は米ソの冷戦時代。

ソビエトの脅威は、少年たちの遊びにも反映されていたのだね。

……このままでは、ブレジネフ書記長に世界の覇権を握られてしまう！

当時の私は、現実世界におけるソ連の脅威と、ヨロズ君のブレジネフ書記長が、リンクしているように感じていたのでした。

……世界を守らねば！

少年の妄想ですな。

そして私は、ある日、奇策を思いついたのです。

たまたま見つけた、エッチな本に載っていたオッパイ丸出し美女のグラビアを、厚紙に貼り付け、丸く切り抜いて、自家製のパッチンを作ったのでした。名前もつけましたね。

「いけっ！　エマニエル夫人！」

これは、相手を精神的に動揺させ、集中力を削《そ》ぐ作戦なのだ！

……よく考えてみたら、すごく姑息《こそく》な作戦である。

そして、戦いの日がきました。

私のオッパイ美女パッチンをみた同級生たちは、どう対応してよいかわからない、異次元感覚の歓声をあげたのですよ。

ブレジネフ書記長とエマニエル夫人の、戦いの始まりです。

ことだまのちから　目次

第1章 世界を創り出す物語の力

第2章

日本に集まる世界の神々

第3章 日本人のことだまの力

第4章 星の物語

装丁　三瓶可南子
カバー画／本文イラスト　浅田恵理子
編集　豊島裕三子

世界を創り出す物語の力

第1章

どんと来い！　２０２５年７月！

超常業界では、２０２５年７月に大異変が起こるのではないかと、さまざまな予測が飛び交っています。

都市伝説マニアの女性が、言いました。

「『私が見た未来　完全版』の中で、著者のたつき諒《りょう》さんが、２０２５年７月に、海底火山噴火と大津波が起こると描かれています！

その後に、素晴らしい時代が訪れるとも。

奇跡のリンゴで有名な木村秋則《きむらあきのり》さんも、２０２５年７月の大異変について語っておられますよ！」

スピリチュアルセラピストの女性も、言いました。

「ペンキ画家のＳＨＯＧＥＮさんが、２０２５年７月から、今までの世界とは違う、みんなが助け合う素晴らしい世界に変わるとおっしゃってますね」
「ネイティブアメリカンのホピ族に伝わる予言でも、青い星が出現するって言ってたよ！」

みんな、2025年7月に何か起こってほしいのかもだね。

「ケルマさん……まちがいないわ……。ユーチューブに流れる情報をすべて調査した結果、私はひとつの結論へ帰結したの……。2025年の7月に、人類は未曽有の大災害に遭遇するのよ……」

超常マガジン『ムー』の愛読者の眼差《まなざ》しで、養鶏家のエビスさんが言いました。エビスさん、すっかり仕上がってます。完成度高そうですな。

私は、盆栽を剪定《せんてい》するご隠居のように、宇宙戦艦ヤマトのプラモを愛《め》でながら、語ったのでした。

「過去にも、さまざまな予言者が世界の破滅を語ってきたのだ。

これはね。

13年ごとに起きるイベントなのだよ。

1986年には、ハレー彗星《すいせい》が飛来し、世界に崩壊が起きると言われた。

たしかにその年、チェルノブイリ原発事故が起きたね。

その13年後には、ノストラダムスの大予言があった。

1999年7月、恐怖の大王がやって来る！　ヤァ！　ヤァ！　ヤァ！　という有名な予言だ。

私は当時、たくさんの主婦に尋ねてみたのだがね。どこの家にも、恐怖の大王は来ていなかったのだよ。

ピンポーン！　とチャイムが鳴り、こんにちは～大王で～す！　と訪れた存在はいなかった。この年にあったのは、ロシアのプーチンが大統領代行になったことだ。

その13年後には、2012年12月人類滅亡を予言するマヤの予言があった。

超常マガジン『ムー』では、２０１２年12月号で人類滅亡の総力特集が組まれたのだがね。その号の最終ページには、来月号の予告が載っていたのだよ」

「さすが、スーパーミステリマガジン『ムー』！　一枚岩ではないと！」

「今、われわれは13年ごとに、人類滅亡の危機に瀕《ひん》するようになっている。そうして己《おのれ》の愚行に喝《かつ》を食らわし、乗り越えてきたのだよ。

すべての災難を、その都度人類は乗り越えてきたのだ。

そして次は、２０２５年７月だ。13年目がやってくるのだ」

なぜ、13年ごとなのか？

太陽系最大の惑星、木星の公転周期は12年なのです。だから、その影響により、地球では12進法が使われているのだね。12の月、12星座、十二支、１日24時間も、12進法なのです。

そして統計学では、13日と25日は、特異日と言われているのですね。今までになかった事柄が発生しやすいと言われているのですよ。

これは、なにかというとだね。12周期が終わって、

新しい変化が発生するのが13、25なのです。

イエス・キリストも、13番目の弟子ユダによって、大きく変容したのだね。われわれの無意識が、変容を求めているのだよ。

エビスさんが、言いました。

「つまりケルマさんは、**大破滅のたびに、人類は別の次元世界に量子ジャンプした**と言いたいのね。私たちは、多次元的存在なのね……」

エビスさん、マニアックです。完成度高え……。

2025年の真実とは？

「人類破滅の予言は、意味があるのだ。ケアシステムなのだ」

「ケアシステム？」

「大災害の予言を知ることによって、過ちを改め、考えを変えて、人類の未来を安全な方向に修正しようとするシステムだな。

ユーチューバーたちが不安を煽《あお》るのは、再生数を上げたいという理由とは別に、無意識の理由があるのだ。

意識が不安になることで、無意識が働くのだ。みんなが無意識のうちに安全な世界を選ぼうとするのだよ。それがケアシステムなのだ」

「よく、自己啓発や潜在意識の活用本では、プラスに考えなさいって書いてありますよね。マイナスに考えたらマイナスの事が現実になるとか……」

「それは違うと、私は考える。

なぜなら、私は30年以上、さまざまな人たちを観察してきたからだ。

マイナスに考えたからといって、マイナスの事が現実になるわけではない。むしろ、そうならないように、無意識が働くのだよ。

たとえば、世の中のお母さんたちは、わが子のことをつねに心配するものだ。不安の塊なのだよ。

しかし、心配したからといって、現実になったりはしない。

心配し不安になることで、安全な方向に向かわせる力が、無意識で働くのだ。

自己啓発本に書かれているプラス思考というのは、たいていは頭だけの作業にしかならないのだね。

たとえば鬱《うつ》病の人に対して《プラスに考えなさい！　それができないと、マイナスが現実になるよ！》などと言うのは、とても残酷なことなのだ。

鬱病の時は、プラスに考えるのは難しい。しかしどんなに不安で怯《おび》えていようとも、その人の無意識では、良い方向に向かわせる力が働いているのだよ！」

「じゃあ、ケルマさん、

2025年には、何も起こらないってことですか?」

「いや、起こるのだよ」

「え?」

「起こる! なぜならば、われわれが無意識の中で、

世界の変革を望んでいるからだ!

2025年の大変革を!

今までの世界のままではいかん!

人類は変わらなければならない時に来ているのだ!

それが、2025年の真実だ!

ど〜んと来い! 2025年!」

物語が世界を創り出す

ど〜んと来い！　と言ってはみたがね。
未来に立ち向かうためには秘密兵器が必要なのです。
その秘密兵器とは、「物語の力」なのです。

胆嚢に謝れ！

Oちゃんは、私の著書『すばらしきUFO・銀河連合・アセンションのひみつ』（徳間書店）にも登場している治療家です。そのOちゃんが、脳梗塞で倒れたのでした。

事態は深刻で、ドクターの見解では、寝たきりの状態になる可能性があり、良くて車椅子の生活になるとのことだったのです。

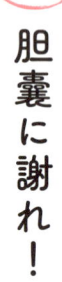

しかし、なぜか数週間後、彼はスタスタと病院内を歩けるようになったのでした。

その姿を見た看護師さんたちは、涙を流しながら、「奇跡の人」と評したのですね。


その直後、Oちゃんの身体を異変が襲ったのでした。


「ぐはぁあああっ！」

激しい胆嚢炎《たんのうえん》が、彼を襲ったのでした！

緊急で、胆嚢の全摘をすることになったOちゃんです。

ドクターが、摘出した胆嚢を、ドヤ顔で見せてくれたそうですよ。

「こんなん、でましたけどー！」


不思議なのはだね。

その後に、脳のCT検査したら、脳のダメージが消えていたというのです。Oちゃんが言いましたね。

「胆嚢が、身代わりになってくれたんよ〜」※あくまでも個人の感想です。

この話を、ある男性にしたら、彼はこう言ったのでした。

「ケルマさん！　うちの母親もこの前、胃ガンの手術したんです。予後が良くなかったんだけど、いきなり胆嚢炎になって！

胆嚢を摘出したあと、胃ガンも良くなっちゃったんですよ！」※あくまでも個人の感想です。

なんと！

さて、この話を、東京の講座で話したのですがね。

前列に座って聞いていた女性が、「ハフ〜ン！」と興奮して咆哮《ほうこう》したのでした。

「私もっ！　数年前に脳内出血で動けなかったのです。しかし、ある日胆嚢炎になり、胆嚢を治したら、動けるようになったのです！！！」※あくまでも個人の感想です。

すると、別の女性が激しく咆哮しました！
「うちのチワワが！　うちのチワワが病気になり、もう助からないと思われたのです！　しかし、胆嚢炎になって手術したら、奇跡的に治っちゃったんです！」※あくまでも個人の感想です。
チ、チワワまで……。
私も、ついにガマンの限界ですよ……。
咆哮したのでした。
「君たちは、胆嚢をなんだと思っているのだ！！！
胆嚢に謝れ！
この世界は、どーなっているのだ！！！？」※あくまでも、個人の主観です。

これは、いったいなんなのか？
まず、医学的にはありえないトンデモ内容ですね。
ただ、彼らに共通しているのは、そこに「物語」があったということなのだ。

病気になり→胆嚢がダメージ→そして病気が癒《い》える→胆嚢が身代わりになってくれた→ありがとう胆嚢、という物語が発生しているのですね。

超常現象の秘密

懇親会で一人の女性が、こんな話をしてくれたのです。


「主人のお母さんの、お葬式の時のことです。

家の中に、私と主人と義兄がいたんです。

そしたら、義兄が突然不安定になり始めてね。叫び出したんですね。

すると、義兄の身体が空中に浮かび始めて！

どんどん上に引っ張られてね。天井まで浮かんだもんだから、あわてて主人と一緒に、必死で引きずりおろしたのね」


懇親会に参加していた一同が、衝撃を受けましたね。

「あの時は、お義母さんに、連れて行かれるんじゃないかと、思ったのね」

17世紀、イタリアの修道士ヨセフは、祈《き》禱《とう》中にしょっちゅう空中に浮かび上がるので有名だったそうです。

浮かび上がりだしたら、周りの人たちが引っ張って降ろそうと、がんばったそうですよ。

他にも、同じように空中に浮かび上がる人は、けっこう記録に残っているのです。

我がアニメイトのビー坊が、この話を聞

いて驚きました。

「ケルマさん！　人間が空中に浮くなんて、なんなんですかい？　瞑想《めいそう》して、空中浮揚できる人がいるって、ほんとにあるんすか？　科学的にありえるんですかい？」

「ビー坊よ。これは、わかりやすいケースなのだよ。

空中に浮かんだお兄さんは、悲しみのあまり、向こうの世界に引っ張られていたのだ。そして家族が必死にお兄さんを現実の世界に連れ戻した。という物語が発生したのだ」

「えええ！　それが答え？」

「うむ、これが答えだ。

そもそも、超常現象や超能力といったものの発生には、物語が必要なのだ」

さまざまなトンデモ事案を観察してきた私は、**物語が世界を創り出す**と思っているのです。潜在意識は、理屈では動かないのですよ。

物語によって動くのです。

たとえばね。科学も物語なのです。科学とは、理論によって構築された、再現性のある物語なのですよ。その最右翼がＳＦなのです。

そして、１５０年ほど前からＳＦで描かれてきたことは、ほとんどがわれわれの現実になりつつあるのです。

ありがとうアコード

友人のお父さんが、倒れて緊急入院したのです。

急いで病院に駆けつけたのですが、なかなか思わしくなく、予断を許さない状態だというのですね。

友人は、いろいろと準備をするために、一度自宅に車で帰ろうとしたのですね。

その帰り道。走行中に突如、車が止まってしまったのでした。

慌てて知り合いの車屋さんに連絡すると、車屋さんはなぜか偶然、すぐ近くの喫茶店にいたのでした。

友人はレッカーを手配してもらい、車のことを任せたのでした。


さて、その後のことです。

友人のお父さんは、元気に回復してしまったのでした。

友人が言いましたね。

「きっとね。車が身代わりになってくれたんですよ。親父から受けついだ車だったからね。うん。ありがとうアコード」※あくまでも個人の感想です。


これが、物語の力なのですよ。

ウルトラマン・システム

あるスポーツチームの監督と、お話しした時のことです。

そこには、二人の男性がいたのでした。一人はキリリとした精悍《せいかん》な男性で、もう一人は、憔悴《しょうすい》しきった男性だったのです。

……こちらの精悍な男性が、監督さんに違いない……。

話し始めて数分後、精悍な男性は出版社の編集さんだということがわかったのでした。憔悴しきった男性のほうが、監督さんだったのです。

彼は、連敗によるどん底の成績のため、SNS上の熱狂的ファンたちから、情け容赦ない批判を受けていたのです。

私は、切なさ爆発の監督さんに、こう語ったのでした。

「これは、ウルトラマン・システムなのだ」

「ウルトラマン?」

「ウルトラマンはだね。怪獣との戦いで、どんなに苦戦しても、最後は一撃必殺技で、デュァアアッ！　とやっつけてしまうのだよ。

なぜだ?

なぜ、最初からデュァアアッ！　とやっちゃわないのか?

なぜ、わざわざ苦戦して、やっと最後にデュァアアッ！　とするのか?

それは……物語をおもしろくするためなのだ！」

「おもしろくするため……」

「ハリウッドの常套《じょうとう》手段でも、よくあるではないか。

ゾンビが！　ゾンビが襲ってくる！

早く車を出すんだ！

ぁあっ！　エンジンがかからないっ！

エンジンがかからないっ！

ぁあっ！　ゾンビが！　ゾンビがぁあっ！

もうダメだあああっ！

ブォン！

か、かかった！　エンジンがかかったあああっ！

ブォオオオオオオオ！」

…………………………

さてその後、この監督さんのチームは、奇跡的な盛り上がりを見せつけ、ファンをおおいに沸《わ》かせたのでした。

物語の力ですよ。

人は物語を求めるのです。

意味を求めるのだよ。

その原初の物語として、よく知られているのが神話ですね。

おとぎ話や伝説、アニメもそうです。

土にも火にも風にもモグラにも、星や太陽や台風や地震にも、ミミズにいたるまで、人間は物語を見出《みいだ》すのです。

光の子

能楽師の男性が、私に熱く語ってくれたのです。

「ウルトラマンってね、じつは能楽の中にある定番の物語なんです。

神が人間に化けて、人々と一緒に暮らしてるわけですよ。

すると、外国から魔神がやって来て、暴れるんですね。人々を苦しめるんです。

そこで、人間に化けていた神は、本来の神の姿に変身し、魔神と戦うんですね。

戦っている時に、お経が流れるんですけどね。このお経がめちゃくちゃかっこいいんですよね。

そのお経の内容というのがね、《善も悪もない　実は両方同じものだ》みたいな内容なんです」

「う〜む。めちゃくちゃ奥が深いではないか！

そもそもウルトラマンは、スピリチュアルな物語なのだ！

光の国からやって来た光の子、という設定が、すでにスピリチュアルなのだよ！

ウルトラマンを海外で制作した円谷プロさんが、海外のスタッフから、よくこんな質問をされたらしいのだ。


《ウルトラマンとは、なんですか？

これは皮膚ですか？　服ですか？》

円谷プロさんは、

《これは、神です》

と回答したら、みんなが納得したらしいのだ」

「まさに、その通りです。弥勒菩薩《みろくぼさつ》の有名な半跏思惟像《はんかしい》ってありますよね。あれ、スペシウム光線のポーズなんですよ」

子どもたちは、真実を直感的に理解するのです。

大人が、儲《もう》かるからという理由で、高品質なアニメを作ったとしても、子どもは一瞬のうちに見抜くのですよ。

つまんないと感じたら、見向きもしないのです。

とても、シビアなのだ。

そして「皮膚なのか服なのかわからん存在」であっても、子どもたちは真実を感じ、グイグイ夢中になるのです。

ウルトラマンの物語が60年近く作られてきたのは、真実があるからだと、私は思っているのです。

2025年と腎臓結石

じつは、ちょっと前から気づいていたのです……。

しかし、気づかないように無視していたのでした……。

しかし、ああ！　だがしかし！

先日トイレに行った時、無視してきた現実に直面してしまったのでした。

「うひゃあああああ!!」

オシッコが、真っ赤っ赤です！

真っ赤なオシッコが、ジャンジャン出るではないか！

「ぐはぁあああっ！」

……なんか終わった……と思いましたね。

もはや、誤魔化《ごまか》しようがない事態です。

私は自宅から数百メートル先にある「Mクリニック」に向かったのでした。


さて……私は注射が怖いのだ。

採血の恐怖に暴れてジタバタしたら、女性の看護師さんの頭に、私の足がクリティカルヒットしました！

看護師さんが、低くつぶやきましたね。

「ケリをいれられちゃった……」

すみません！　わざとじゃあない！　DVじゃあないです！

おそらく労災です！


超音波画像を見ながら、M先生が言いましたね。

「膀胱《ぼうこう》は、キレイですね。腎臓は……問題はないかな。異常細胞も、ないみたいです。

前立腺もOK。もし、また出血があるようなら、カメラを入れてみましょう」

……ゴクリ……

「あの……カメラって？」

M先生の声が、やや、低くなりました。

「……チンチンからカメラを入れて、膀胱と腎臓を調べます」

……ヒィいいいいいいいい！

血の気が引くケルマさんです。

「……それ、痛いんですか？……」

M先生が、ちょっと間を空けてから、小さな声で言いました。

「……痛いです」

……ヒィイイイイイ！

M先生、誠実な人です。

ウソを言っても仕方がないと判断したのでしょう。

そして、私の心も決まったのでした。

……無理です。

……絶っ対、無理です。

……ケイシーのヒマシ油療法しまくります。

……ひたすらに！


数日後、どうやら腎臓結石だと判明したのでした。

すると、Oちゃんが、私に電話してきたのです。

「ケルマさん。僕、この前、血尿が出てね。

病院に行ったら腎臓結石だったんよ」

……ほほう。腎臓結石ですか。

「これが、だんだん尿管の方に向かってるんよ。出てくれなかったら、チンチンの先から管を入れて石を砕《くだ》くらしいんよ。

ぁあ！　処置してくれるのが若い看護師さんだったら、どうしよう!?」

心の中で戦慄《せんりつ》するケルマさんです。


すると、さらに次の日、元競輪選手の知人が、こう言ってきたのでした。

「ケルマさん、僕、膀胱に石ができてね。なかなか出ないから手術したんすよ。チンチンの先から管を入れてね」

私は思わず、叫んだのでした。

「い、痛かった?! 痛かったのっ?!」

「いやあ、全身麻酔したから、気づかんうちに終わってましたわ」

「……それは、良かった……」

なにか、物語が発生しつつあります。これは偶然ではないに違いない。


そしてさらに、次なるメッセンジャーが来たのです。彼が言いました。

「今、尿管結石があってね〜。なんかもう少しで、出そうなんだよね」

「がんばれ!」

ウソみたいな話だが、100パーセント実話なのです。

これは、なんなのか？

そうだ！　これはアマゾンの追跡システムではないのか？

注文した商品が、今どこまで配送されているかがわかるシステムだ。

結石、今はここで～す。みたいな。


そして数日後。

Oちゃんが電話してきて、咆哮しました。

「ケルマさん！　今日病院で検査したら、石が腎臓に戻ってきちゅうがよ！

医者が、こんなん、医学的にありえへんって、言っとるんよ！　医者が大笑いしとったわ」

私は心の中で咆哮しました。

…………戻るなぁあああっ！

なんやかんやありましたが、チンチンの先から管を入れたりすることなく、私の腎臓結石は、安全に解決したのでした。

ケアシステムだったのかもだね。

そうだ……さんざん脅かされたが、２０２５年問題と同じケアシステムだったのかもしれぬ！

宇宙人からの警告

奇跡のリンゴで有名な自然農法家の木村秋則さんは、宇宙人とコンタクトしたと、著書に書かれているのです。

その体験によると、宇宙人からカレンダーを運ぶように言われて、木村さんは重たい巨大なカレンダーを、せっせと運んだと言います。

そのカレンダーは途中で終わっていて、宇宙人は、そのカレンダーの終わりが地球人の滅びる期限だと、木村さんに伝えたのでした。

うーむ……。


宇宙人、めちゃくちゃケアシステムを発動させてます。

彼ら宇宙人の、切なる叫びが聞こえてきそうですな。

……おまえらなあ、こうでも言わんと、わからんじゃろがぁぁあ！

しかし、木村さんに運ばせた重たい巨大なカレンダーといい、大道具を使った舞台演出は、黄金期のドリフを彷彿《ほうふつ》とさせますな。


実際、彼ら宇宙人は、地球人に理解しやすい形を表現してみせる傾向があるように思うのだ。

私は以前、NASAと交流のある世界的なジャーナリスト高野誠鮮《じょうせん》さんにお会いして対談させていただいた時、カール・セーガン原作の映画「コンタクト」は実際にあったことだとお聞きしたのです。

「コンタクト」に、主人公が宇宙人と遭遇するシーンがあります。宇宙人は、主人公の亡くなった父の姿で現れるのです。


やはりね……。

やはり宇宙人は、われわれが理解しやすい形を表現してくれるのだ。

アニメ「ムーの白鯨」では、侵略してきた宇宙人が、地球人に対してこう発言していました。

「ふははは！　地球人よ！　明日までに自分の戒名を用意しておくのだな！」

わかりやすいですね。そして間違いありません。仏教徒です。

「帰ってきたウルトラマン」の中で、バルタン星人Jrが、ウルトラマンに負けたあとに発した一言です。

「勝負はまだ、一回の表だ！」

わかりやすいですね。そして間違いありません。野球ファンです。

バルタン星人Jr、ほかにも素晴らしい名言があります。

「お釈迦《しゃか》さまでも、ご存じあるめえ！」

なぜか、べらんめえ口調です。そして、仏教徒説濃厚です。

「シン・ウルトラマン」に登場したメフィラス星人の有名な名言もありますね。

「ウルトラマン、ここ、ワリカンでいいか？」

地球に慣れすぎて、宇宙人としてのアイデンティティが心配です。

このように、宇宙人は、地球人に理解しやすい形を表現して見せることが多いのですよ。

ケルマさん、いったいなにが言いたいのか？

宇宙的な事柄は、できるだけ、わかりやすい物語として語ることが大事なのだね。

ガイア理論

では、地球規模のＳＦ物語をしましょう。

イカの目は、超高性能のカメラなのですよ。

人間と同じくらい、超高性能なのです。

しかし、イカの脳は小さ過ぎて、その性能をほとんど使えていません。

犬の鼻も、超高性能なのです。

しかし、犬の脳は小さ過ぎて、やはりその性能をほとんど使えていません。

そして人間です。

よく言われているように、人間の脳は超高性能なのですが、その性能のほとんどを、使えていないと言われています。

自然界には無駄がないはずなのに、なぜ、こんな無駄があるのか?

この疑問に対して、ラブロックという科学者がこんな仮説を立てました。

じつは、すべての機能を使っている存在がいる。

地球という巨大な生命体が、使っているというのですよ。

つまり、イカは海中のモニター。

犬は地上のセンサー。

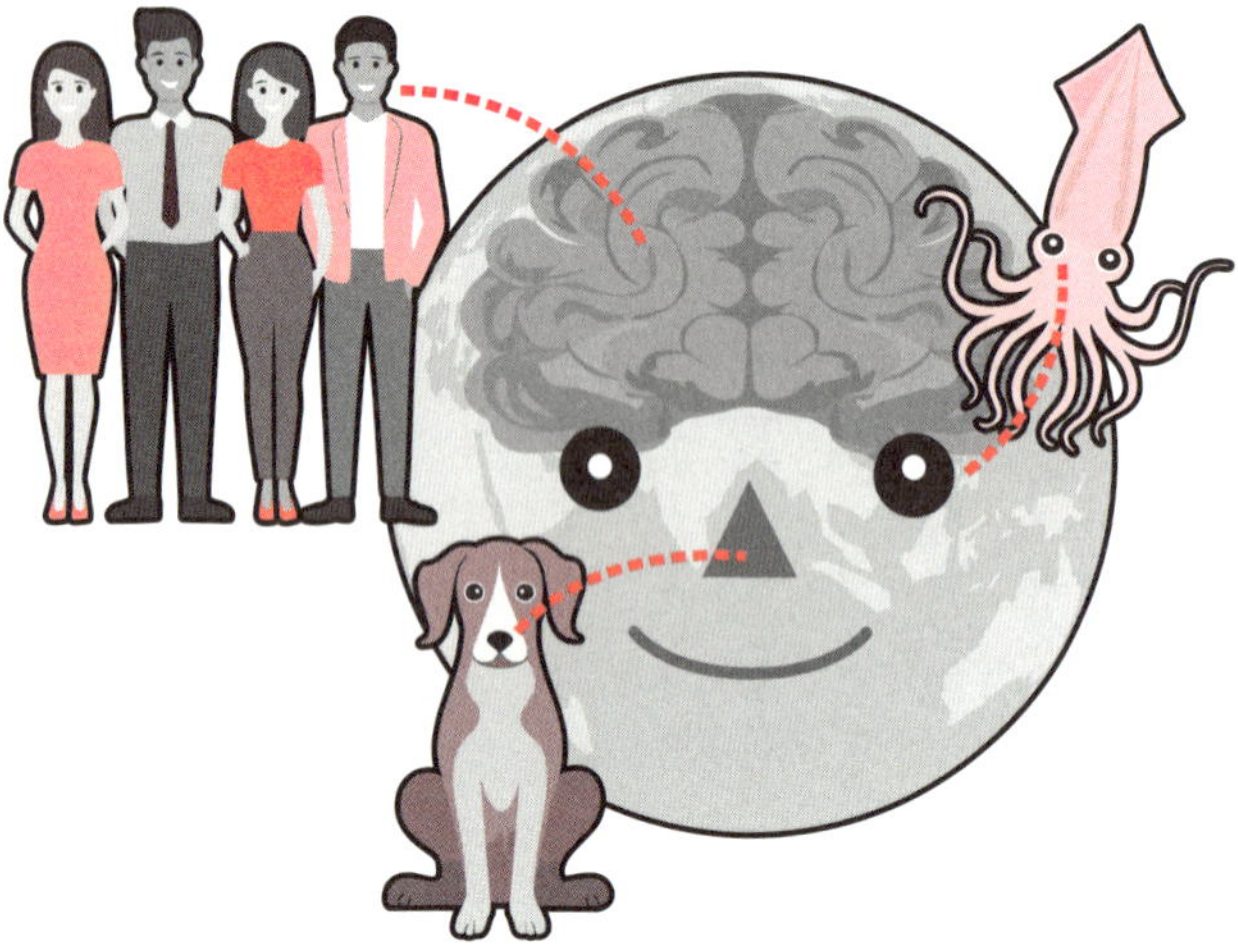

じゃあ、人間は？

地球の脳だと言うのですよ。

※参考図書『グローバル・ブレイン』（工作舎、ピーター・ラッセル著）

しかし、今の世界は、お互いに殺し合いの戦争をしている状態だね。

私の左手と右手が、こんなふうにケンカしてる感じ……。

しかし、すべてが自分の身体だと自覚したら、ケンカなんかしなくなるね。

つまり、地球という生命体に、「私は地球だ」という心が芽生えたら、すべての争いは消えるのです。

これは、私の提唱するＳＦ物語と捉えてもらってもかまわないのです。

では、地球に意識が目覚めるのはいつなのか？

地球の覚醒

ある日、眠っていた小学生の女の子が、泣き叫びながら起きたんですね。

「爆弾が落ちてくる！　怖いよ！　怖いよ！」って。

お父さんとお母さんは、ひどくびっくりしたんですね。

次の日、ユーゴスラビアで爆撃があり、小学校に爆弾が落とされて、大勢の子どもたちが殺されたという報道があったのです。

この女の子、感じたんですね。

すべて、目に見えないとこで繋《つな》がっているのですよ。


さて、今の世界の状況はいかがなものか？

子どもたち、感じてますよ。

異常だって。

危険だってね。

誤魔化しようがありません。

ただ、感じていることを言葉にできないだけです。だから、不登校や、引きこもり、いじめやリストカットとか、いろんな事が起きています。


ミクロとマクロで、捉えてみましょう。

卵子が精子と結合すると、スゴいスピードで核分裂が起こりはじめます。

血管が張り巡らされていきます。

そして核分裂が60億に到達した時、神経回路が張り巡らされていくのです。

次第に胎児の形になっていくのです。

そしてアポトーシスといってね。
細胞が死んでいくんですよ。
どんどん死んで、そして生命体の器が、
しっかりと出来上がっていくんですね。
細胞が死んでいき、形が整っていきます。
細胞分裂が80億を超えたら、アポトーシスは一層激しくなっていくのです。
そしてついに、意識が覚醒していくのかもしれません。

この話を、地球に置き換えてみましょう。
18世紀、地球の人口は8億でした。
産業革命が起こり、人口は爆発的に増え始めたのです。

1999年8月に、地球の人口は60億になりました。

とたんにインターネットが、地球すべてに張り巡らされ始めました。


神経システムの誕生ですよ。


そして地球の人口は、今や80億。

すでに、アポトーシスが発生しています。

生物の絶滅、自殺、疫病、飢饉《ききん》、災害、戦争ですね。

現実を、しっかり見てみましょう。

科学者や研究者によれば、1970年代以降、この45年の間に、地上の動物は半分に減りました。

年間、4万種類の生物が絶滅しています。

昆虫も、半分に減りました。

夏、田舎の夜道を走る車のライトには、大量の虫の死骸がくっつくのです。

それが、すっかり少なくなりました。
近所の畑では、キュウリの花が咲いても、受粉しないので収穫が減りました。
虫がいなくなってきたからだね。
海の生物も、半分に減りました。
この、45年の間にです。
今の状況だと、数年以内に海の生物は絶滅すると推測されています。

これは、都市伝説ではない、リアルな現実なのですよ。

地球は大変動期に入ったのです。
そして、アポトーシスが発生しています。

ついに、地球人という意識が目覚めようとしているのですよ。

繰り返し言いますが、これは私の提唱するSF物語だと捉えてもらってもかまわないのです。

人類が、一つの意識体になるとしたらの話ですがね。

人類が地球人に目覚め始めたら、はじめに感じるのは痛みです。

地球のすべてが自分自身だと自覚したら、はじめに感じるのは、身体のあちこちで起こっている痛みです。

……うわあ！　とんでもない痛みを感じる！

戦争や飢餓で苦しむ子どもたちの痛みです。

破壊される自然の痛みです。爆弾が落ちてくる！　と泣き叫んだ女の子……。

あの子が感じた痛みです。

なぜ、こんなに引きこもりが多いのか？

なぜ、こんなに鬱が多いのか？

なぜ、こんなにも自殺が多いのか?!

なぜ、こんなにも生きるのが辛《つら》いのか?

どうしたらいいのだろうね?

なぜ終末予言が流行るのか?

私は、アニメイトのビー坊に言いました。

「人口削減を企む陰謀論を、熱く語る人たちもいるがね。

出生率が下がった今の日本は、ほっといても数年後には、大幅に人口が少なくなるのだ。

なぜ、終末予言が流行《はや》るのか?

それは、**みんなが無意識で、世界のリセットを望んでいるからなのだよ。**

私は、今の世界はおかしいと思っているのだ。

ネガティブ・ビューで見てみよう。※個人の主観です。

今の社会では、つねに能率や効率などの合理性が求められる。

大人から子どもに至るまで、われわれはネットによって監視され、意識できないストレスがジワジワと浸透している。なんとも言えない息苦しさが、蔓延《まんえん》しているのだ。

職場でも学校でも、ゆとりや優しさがなくなって、自分のことしか考えられなくなった人が多くなりつつある。だから、お互いに攻撃しあう空気が、蔓延しているのだ。いじめが、増大しているのだよ。


経済的に追い詰められた人の中には、お金を支払うためだけに仕事をしていると感じ、生きていることに意味を感じなくなる人もいるね。

セルフネグレクトといった、自分自身の生活の世話ができなくなる人もいる。

仕事に行けなくなったり、お風呂に入ることや、食事すらもしなくなったりするのだ。みんな、がんばって生きようとはしているのだがね。


辛いのだ。

生きにくさを感じたりするのだよ。

今の世界は、なにかおかしいと感じているのだ。

だから、**こんな世界など滅びてしまえと、集合無意識で願っているのだよ**」
※ケルマさんのネガティブ・ビューです。

ビー坊が言いました。

「TSUTAYAに行けば、異世界転生もののマンガやアニメがデーンと大きく占拠していますぜ。面白いし、素晴らしい作品もたくさんあるんだけどね。

《転スラ（転生したらスライムだった件）》とか、《このすば（この素晴らしい世界に祝福を！）》とか！

でもね。なんの感動もない、現実との関わりがない異世界転生ものが、ちょっと多すぎですぜ！　**みんな、どんだけ、現実から逃げたいんだろね？**

最近のアニメやマンガや小説は、できるだけストレスを感じさせないものが必要とされるらしいよ。

現実世界がストレスだらけだから、せめてフィクションの世界では、安らぎを得たいんすかね？

最近の若い人たちにとっては、結婚や恋愛関係すらもストレスになるらしいですぜ。

これ、変じゃないすか？

こんなこと言ったら、ごちゃごちゃ批判する人がいるけどさ、これ変だよ。オイラはそう思うよ！

はい、あくまでオイラ個人の感想です」

私は、こう答えたのでした。

「異常だというのがわからないことが、異常なのだ。

戦争とは、異常な状態なのだ。その中で生活していると、異常だということがわからなくなってくるのだろうか？

人類を絶滅させる可能性がある現代の戦争は、一種の自殺なのだよ。

戦争はすでに、日本でも始まっているのだ。

ウクライナの戦争が始まって3年目になるが、ウクライナの戦死者の数は3万人と言われている。

そして、日本の年間自殺者は、確認自殺が2万人、推定自殺を含めると3万人以上と言われているね。つまり、目に見えない戦争が起こっているのだよ。

今、戦争は起こっている！」

自らを自滅させるアポトーシス

私は、鋼《はがね》のような精神の持ち主ではないのです。

他人に迷惑をかけたくないと考える、ごく普通の人なのだ。

おそらくは、この文章を読んでいる、みなさんもそうかもだね。

２０２３年に母を亡くした私は、数ヶ月経ったある日、奇行を繰り返すようになったのでした。

激しい思い込みや混乱が生じて泣き出すようになったので、指摘を受け、初めてメンタルクリニックに行ったのです。

自分の心が病的になっている時は、底なし沼にハマってしまっても、気づかないものなのだ。

メンタルクリニックには、若い人がたくさんいたのでした。

学生さんが多いのです。彼らは、クリニックで薬をもらい、登校しているというのだね。これは、単に心が弱いという事象だけではないかもだよ。

地球規模のアポトーシスかもしれないのだ。

20年以上前に、私は『地球統合計画』という本を書いたのですよ。この本は『地球統合計画ＮＥＯ』（エムエム・ブックス）としてリメイクしました。

本の中で私は、こう主張したのです。
《生物は病むことによって進化する。
新型インフルエンザウイルスによって神経システムが影響を受け、精神的な疾患が増大し、人類の意識進化が起こる。》
同じ主張は、2018年に出した『超常戦士ケ

ルマデック』（星雲社）にも書いているのです。
どうやらね。人類には進化するシステムと同時に、**自らを自滅させるアポトーシスが備わっているのです。**
このままでは、地球人としての意識が誕生する前に、人類は自滅してしまうのではないか？
だが、まだ道はあるのですよ。

地球人の覚醒に必要なのは、アポトーシスだけではないのだ。
シンビオーシスがあるのです。

「共に生きる」システム――シンビオーシス

シンビオーシスとはね。
「共に生きる」というシステムなのですよ。
みんなが、共に生きることのできるシステム。
シンビオーシス。
それができるのは、日本しかないかもしれません。

人間が、地球の脳だとしましょう。
西洋文明は、論理的に捉える左脳だとすると、東洋文明は、全体的に捉える右脳です。

では日本は？

じつは**日本は、左脳と右脳を繋ぐ役割を果たしているのです。**

その証拠や論拠は、脳学者たちによって証明されています。

日本語は、特殊な言語なのだね。たとえば虫の鳴き声をね、感受性を司《つかさど》る右脳で感じ、言語を司る左脳で処理してしまうのです。

つまりね。**虫の鳴き声を、言語として理解してしまうのです。**

左脳と右脳を繋ぐからです。

なんでそんなことが起きるのか？

日本語は、西洋（左脳）と東洋（右脳）を繋ぐ、世界的にも稀《まれ》な言語なのですよ。

人類が地球の脳だとしたら、**日本語の持つことだまの力が発動した時、人類は覚醒**

します。人類は地球人となるのです。

日本が世界に影響する

シュタイナーという人がいました。
シュタイナー教育で有名な人ですね。
彼は、霊能者だったのです。
当時の人々の証言によれば、ハンパない霊能力を持った人だったようです。
シュタイナーが言いました。
「地球は、じつは三角錐《すい》の構造をしており、三角錐の頂点が世界に影響する。
その頂点とは、日本である」
シュタイナーは、

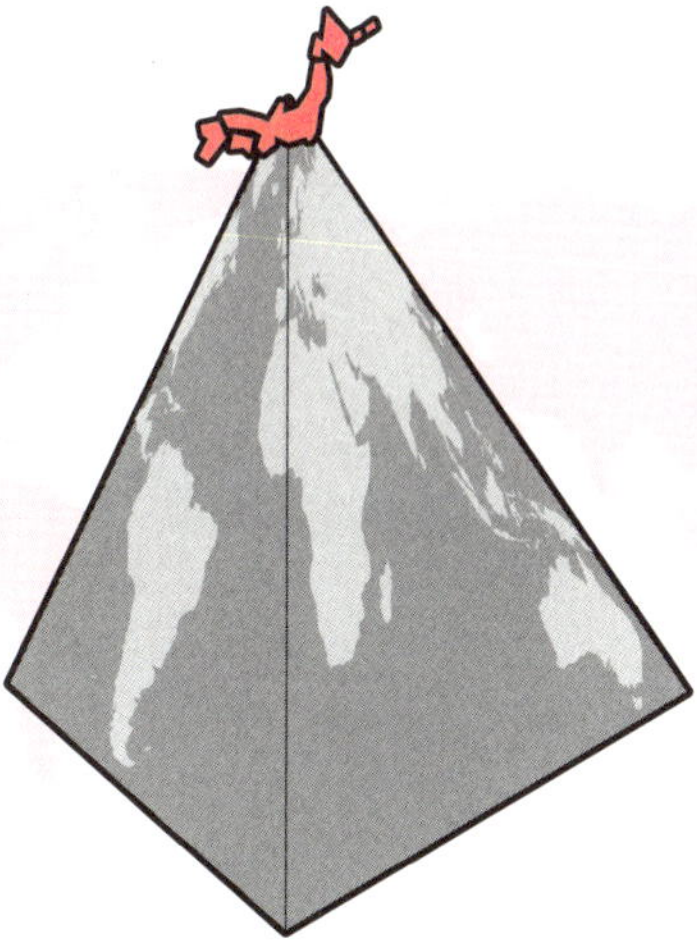

日本が、世界に影響するのです。

私はビー坊に言ったのでした。

「ビー坊よ。シュタイナーの語ったことは、アーサー・ケストラーという哲学者が提唱した、ホロンというシステムと同じなのだ。

ホロスは、ギリシャ語で「全体」を意味し、オンは「部分」を意味する。

部分でもあり、全体でもある。それがホロンだ。

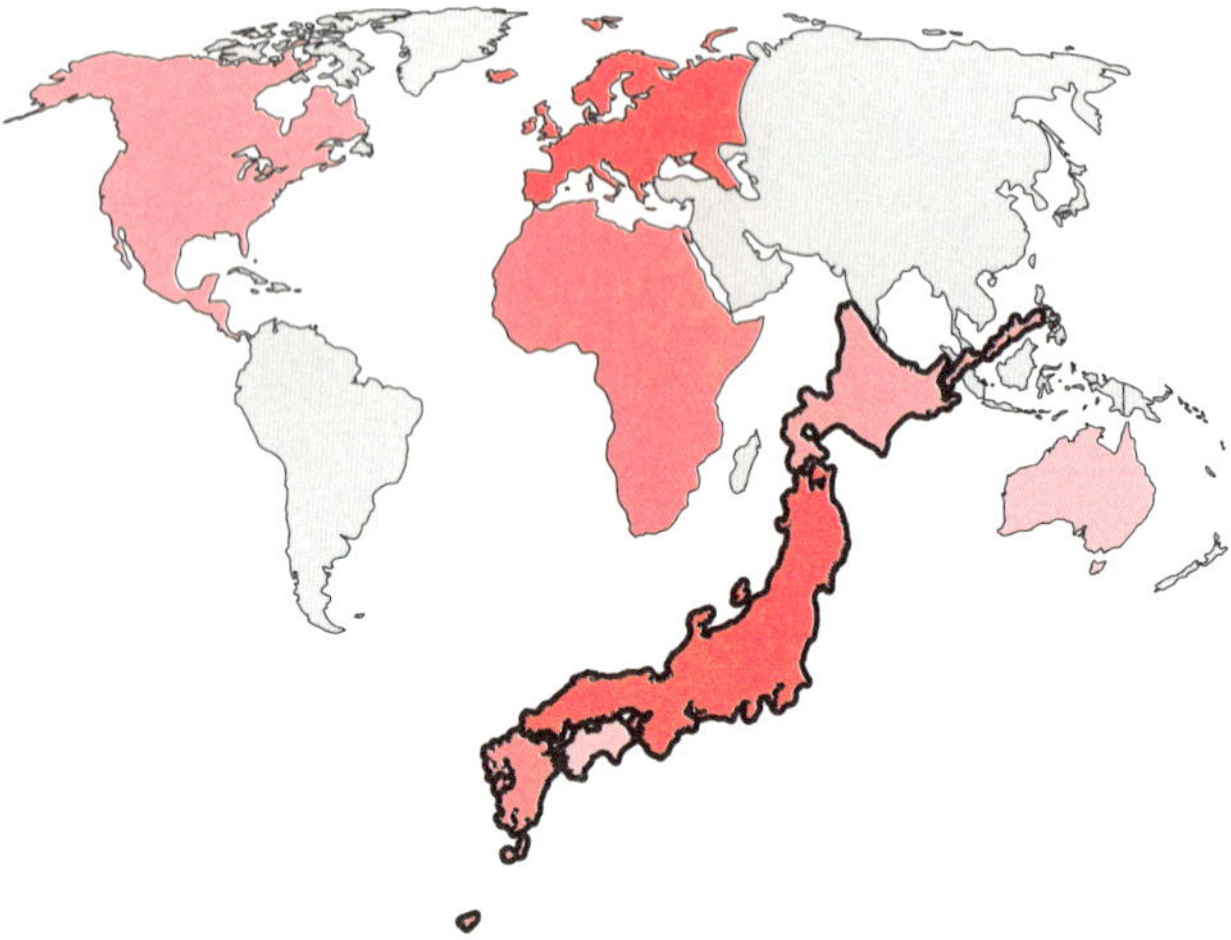

そして日本は、世界のホロンなのだ。

日本列島は、世界の大陸と相似関係となるのだよ。

たとえば北海道は北アメリカ、本州はユーラシア、四国はオーストラリア、九州はアフリカというふうにだね。

形が似ているだけではなく、特産品や埋蔵資源や歴史や文化も似通っているのだ。日本は、世界の大陸と相似関係なのだよ」

「なるほどね。シュタイナーの語ったことと同じだよね。

だったらさ！

日本を変化させたら、世界も変わるってことだよね！」

「その通りだ！

日本で起きることは、世界で起きるのだよ。

世界をアップデートするためには、日本をアップデートすれば良いのだ！」

シュタイナーの予言
――神々や悪魔たちが日本に集まってくる!?

「いったい、どうやったら日本はアップデートできるんすかね？」

「方法はある！

じつはだね。シュタイナーは予言をしているのだ。

日本のホロンという特殊な力に惹かれて、**２０２０年から、世界中の神々や悪魔たちが、日本に集まってくると語っているのだ！**

そして、それは２０２５年にピークとなるというのだ！」

「うひゃあああっ！

また２０２５年ですかい！　シュタイナーまで！

神々に悪魔たちって……。

オイラ、なんだか怖いよ！」

「ひゃっひゃっひゃっひゃっ！

安心するのだ！　ビー坊よ。

日本をアップデートする方法があると、言っただろう。

日本のとんでもないところはだね。

世界中のすべての神々、悪魔にいたるまで、すべて受け入れて共存させてしまうのだ！　**海外の悪魔や祟《たた》り神も、日本は祀《まつ》って調和させてしまうのだよ。**

だから、日本には八百万《やおよろず》の神々がいる。

これは、世界には存在しない事だ。

日本だけなのだ！

つまり、シンビオーシスだ
そして、**シンビオーシスこそ、日本をアップデートする方法なのだ。**
なぜ、神々や大悪魔たちが日本に集まってくるのか？
分裂し、バラバラになっていた世界の、シンビオーシスを実現させるためなのだ！
シンビオーシスの物語が必要なのだ！」

日本に集まる世界の神々

第2章

女神デメテル

ギリシャ神話に、デメテルという女神が登場します。彼女は、豊穣《ほうじょう》な大地母神なのです。普段は温厚で優しいデメテルは、怒ると凄《すさ》まじく、飢餓をもたらすのです。

エリュシクトーンという王が、デメテルの大事にしていた森を根こそぎ伐採した時、デメテルは怒り狂いました。

凄まじい飢えをエリュシクトーンに与え、滅ぼしたのです。


デメテルには、ポセイドンという、海を支配する弟がいました。

ポセイドンは、デメテルに邪《よこしま》な気持ちを抱き、つけ狙ったのです。

……ポセイドンが、私を狙っている。

危険を感じたデメテルさんは、牝馬に変身し、逃げたのです。しかし、ポセイドンも牡馬に変身し、デメテルを追いかけました。

そして、無理矢理交わってしまうのです。


怒りと悲しみで、デメテルは岩屋の中に閉じ籠《こ》もってしまったのでした。

世界は暗くなり、作物は実らず、暗黒が世界を覆ったのですよ。

まさに、人類は飢餓で絶滅直前という事態に陥ったのです。


そんなある日、バウボという女神が現れ、裸になって踊ったのですね。

それを見たデメテルは笑いだし、ついに岩屋から出てきたのです。

世界に光が戻り、再び作物が実って、人類は助かったのでした。


ビー坊が言いましたね。

「こりゃあ、日本にも同じ神話があるじゃあないですか！

有名な天《あま》の岩戸《いわと》の話と同じだよっ！」

「うむ、同じ話だ」

天の岩戸

日本神話に登場するアマテラスさんには、海を支配する弟のスサノオさんがいるのです。

スサノオさんは乱暴狼藉《ろうぜき》を働き、ついにはアマテラスさんの機織《はたお》り小屋に、馬の生皮を剝《は》いで投げ落としたのでした。

びっくりした機織り女が、機織り機の木の棒で女性器をついてしまい、死んでしまったのですよ。

怒りと悲しみで、アマテラスさんは岩屋に閉じ籠もってしまいました。

世界は暗くなり、作物は実らず、暗黒が世界を覆ったのです。

このままでは、いかん！

困った神々は相談し、宴会作戦を実行したのです。アメノヒワシが音楽を奏で、そしてウズメという女神が、裸になって踊ったのですね。

神々の笑い声を聞いたアマテラスさんは、気になって岩屋から顔を出したのです。

神々は岩戸を開いて、アマテラスさんを外に連れ出したのでした。

世界に光が戻り、再び作物が実って、人類は助かったのです。


私はビー坊に言いました。

「ビー坊よ。これは話していくと、ほんとにきりがないのだ。

他にもまだまだあるのだ。

ギリシャ神話だけではなく、旧約聖書や北欧神話、東南アジアの神話、ネイティブアメリカンの神話、中国の神話に至るまで、**日本にはすべてがあるのだ**」

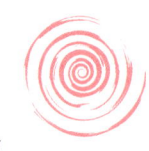

バベルの塔

旧約聖書には、ニムロドという王が登場するのです。

ニムロドとは、「反逆する者」という意味でね。彼は、初めて神に反逆した人間と言われています。

彼は、バベルの塔を造ったのです。まるで、神に挑戦するみたいにね。

ある日ニムロドは、天に向かって矢を射ったのでした。

神は、矢を送り返し、矢はニムロドの胸に当たったのです。

こうして、ニムロドは死んでしまったのですね。

そして、怒った神は、バベルの塔を破壊したのです。

喪山

さて、日本神話にも、同じ話がありますね。

アマテラスさんが、アメノワカヒコに言いました。

「オオクニヌシが地上に作り上げた国を、私の子孫が治められるようにしなさい！」

しかしアメノワカヒコは、オオクニヌシの娘であるシタテルヒメと結婚し、使命を忘れてラブラブな日々を過ごすのです。

8年経っても音沙汰がないので、業《ごう》を煮やしたアマテラスさんは、鳥を使者として遣わしました。

ところがアメノワカヒコは、この鳥を矢で射抜いてしまうのです。

矢は鳥を突き抜け、天へと届きました。

そして矢は、地上へと送り返され、アメノワカヒコの胸に刺さったのですよ。

アメノワカヒコは、天への反逆者として、死んでしまったのです。

愛する夫が死に、とてつもない悲しみで、凄まじく泣き叫ぶシタテルヒメ。

シタテルヒメは喪屋《もや》を建てて、手厚くアメノワカヒコの葬儀を行ったのです。

そこにシタテルヒメの兄、アジスキタカヒコネもやってきました。

アジスキタカヒコネさん、なんと、アメノワカヒコと瓜二つだったのです！

みんなが、「アメノワカヒコが生きていた！」と喜んで騒いだところ、アジスキタカヒコネさんがめっちゃ怒りましてね。

「オレを死人と間違えるな！　こぉらあああっ！」

喪屋をぶっ壊して、去っていったのですな。

喪屋がぶっ壊された痕跡が、美濃にある喪山《もやま》と伝えられているのです。

「ケルマさん、こりゃいったい、なんなんですかい？」

私は、ビー坊にこう言ったのでした。

「日本はね。世界を繋ぐのだ。

私は、日本各地で、さまざまな調査をしたのだが、**日本には、世界中の神話や宗教のエッセンスがあるのだよ。**

日本とユダヤは同じ祖先だったという説もあるが、それは一部に過ぎないのだ。

ユダヤだけではない。


日本には、世界中の民族の痕跡があるのだ。


冗談みたいだがね。

すべて、共にある。シンビオーシスだ」

聖なる負け犬

はるか昔、日本から出発した人々が、世界中に散らばり、文明を築いたのです。
しかし、争いが起こり、戦争に負けた彼らは、どんどん東に移動していったのですね。
負けて負けて移動し、世界中の民族が、やがて日本に戻ってきたのです。
そして、「もう戦いはいらない。共に生きよう」と、調和して暮らすようになった。
それが今の日本民族なのです。
日本はね。負け犬の国なんですよ。
負け犬！

だから、戦争をやめることを選んだんだね。

戦争に勝ち続けることが正しいと思ってる国は、戦争をやめることはね、しないんですよ。

「もう戦いはいらない。共に生きよう」と、調和して暮らすようになった。

つまり、シンビオーシスです。

いいですか。
つねに犠牲になるのは、子どもたちなのです。
逃げ場のない子どもたちが殺されることを、許せますか？
追い詰められて命を絶つような、弱者が排除される世界を、認められますか？
今のこの世界、分断され争いあっているこの世界をまとめるのは、シンビオーシスしかないのです。

地球人になるには、シンビオーシスの物語が必要なのです。

2025年からスタートする最終フェーズ

「ビー坊よ。

人類は、たくさんの種族がいたのだよ。

ホモ・ハビリス、ネアンデルタール人やデニソワ人、そしてわれわれホモ・サピエンス、他にもたくさんの種族がいたのだ」

「他の種族は、どうなったんですかい？」

「うむ、人類学者によれば、われわれホモ・サピエンスは、他の種族、たとえばネアンデルタール人を虐殺して、この地球の覇者となったというのだ」

「ええっ！　じ、じゃあ、オイラたちのご先祖って、とんでもないことやらかしてんじゃあないですかいっ!!

おいら、認めたくないよっ！」

「私もだ。私は、虐殺以外の道もあったと考えている。

シンビオーシスが発生し、ネアンデルタール人やデニソワ人たちと共生したケースがあったと考えているのだよ。

しかし、海外の人類学者たちの多くは、そこに考えが行き着かなかったみたいでな。

シンビオーシスについて、研究している研究者は、なかなかいなかったのだよ。

だが、最近の研究によれば、共生した痕跡がわれわれのDNAの中にあることがわかってきたのだよ。

特に日本人のDNAには、特殊な痕跡が残っていると語る研究者たちもいるのだ。

今、人類はバラバラで殺し合いをしている。

しかし、長いタイムテーブルで考えるならば、シンビオーシスが発生して地球人が誕生するのは、宇宙的な必然なのだ」

「地球人っすね！　オイラは地球人になるよ！」

「奇跡のリンゴの木村さんが語った、**宇宙人のケアシステムによるタイムリミットは、2031年！**

2025年からスタートする最終フェーズだ！

シンビオーシスを発動するための、物語を紡ぐのだ！」

地球人

ある日、私は講演会で語ったのです。

「ハラリという学者さんは、**約7万年前に、人類の脳にとんでもない変化が起こった**と主張しておられるのだ。これを、ハラリさんは認知革命と呼んでいるんだね。※参考図書『サピエンス全史』（ユヴァル・ノア・ハラリ著）

認知革命とはなにかというとだね。

目に見えない事柄を、共有することができるようになったのだよ。

たとえば神。

目には見えない存在を共有することで、集団がまとまるのだ。

あるいはお金。

単なる紙や金属だが、価値があるという意識を共有することで、社会や国が機能するのだ」

講演会に参加した女性が言いました。

「でもケルマさん！

神を信じる宗教やお金のために、今の人類は戦争してます。格差や貧困や争いに溢《あふ》れてます。環境破壊もハンパありません。

とてもじゃあないけど、今の人類に未来があるとは思えないです」

私はこう言ったのでした。

「たしかに今、世界はバラバラだ。しかし、7万年前に認知革命が起こったように、

地球人としての意識革命が起こってくるのだ。

約7万年前に認知革命が起き、人類は社会システムを作り始めたのだ。

やがて農業革命が起きて、人類は定住するようになり、国ができた。

そして産業革命が起きて、人類は膨大な物質を消費する消費文明社会を作り上げたのだ。

そして今、消費文明社会は行き詰まり、精神文明社会へと移行しつつあるのだよ」

女性が咆哮しました。

「地球人としての意識革命って、いつ起こるんですか?!」

「今だ！　人類はアポトーシスとシンビオーシスの選択を迫られているのだよ。

今まさに、地球人が生まれようとしているのだ。

7万年前に、認知革命が起きた時と同じことが、また起きるのだ。

すべての人種が、自分が地球人という意識に覚醒するのだよ。

自分が、地球という巨大な生命体の一部だと認知できたとしようか。

この生命体の右手は、左手と殺し合ったりするだろうか？

この生命体の左足は太っていて、右足は痩せて苦しんでいるなんて、あり得るだろうか？

この生命体の足の小指が病気で、とてつもない苦痛を感じているとしたら、どうだろう？

この生命体は、必死になって治そうとするのではないかな？

つまりだよ。

地球人という意識が覚醒した時、最初に感じるのは痛みなのかもしれないのだ。

戦争や飢えや病気で苦しんでいる、子どもたちの痛みだよ。

傷ついた自然や生き物の痛みだ。

地球人は一致団結して、この痛みの解決にのりだす！


そして経済活動は、血液や栄養や体液と同じ役割を果たすのだ。

あまねく循環していくように、機能し始めるのだよ。

戦争はなくなり、格差や飢餓や貧困もなくなる。環境破壊もなくなるだろう。みんなが助け合うようになるのだ。

それが、シンビオーシスだ！

これが、私の偏った主観による、人類の未来だ！」


講演会が終わって、1Fのロビーに降りた時、私ははじめて気づいたのでした。

そこには、著名な書道家金澤翔子《かなざわしょうこ》さんの巨大な書が飾ってあったのです。

……共に生きる

シンビオーシスの物語は、動き出しているのですよ。

辛く、苦しい時期は、やがて過ぎ去るのです。

発動せよ！　神秘の力

エマニエル夫人は、ヨロズ君のブレジネフ書記長を撃破したのでした。すると、ヨロズ君は次なる刺客を放ってきたのです。

「行けっ！　キッシンジャー国務長官！」

どう見ても、描かれているのは「ガッチャマン」に登場する南部博士です。しかも、微妙に絵が違うバッタもんです。

ヨロズ君は、勉強もスポーツもできて、みんなからの信頼も厚いのです。小学生ながら、社会的なインテリジェンスに満ちた少年なのですよ。

ブレジネフ書記長やキッシンジャー国務長官を語るくらいだからね。

そして私は、真逆の存在だったのです。

だが、私は未知の力を信じているのですよ。少年たちにとって、オッパイ美女は神秘の存在なのです。

エマニエル夫人よ！　神秘の力を発動したまえ！

おばあちゃんのトマト

ある少年が、長く不登校の状態にいたのです。彼はトマトが嫌いで、食べようとはしなかったそうです。

ある日、田舎のおばあちゃんが、トマトを送ってきたのでした。おばあちゃんが自然農業で作った、一切人工物を使っていないトマトです。

なんと、トマトが嫌いの不登校の少年は、おばあちゃんのトマトを見たとたん、食べ始めたのですよ。

むしゃむしゃむしゃとね。

すべて、食べてしまったというのですよ。

おばあちゃんの漬物

これは、トマトを送ってきたおばあちゃんとは、別のおばあちゃんの話です。

このおばあちゃんは、自分で漬けた漬物を、娘さん夫婦に送ったのでした。

その頃、娘さん夫婦一家は、とても不安定な状態だったそうです。

ご主人と娘さん、そして子どもさんも、イライラしていがみ合い、一緒にご飯を食べなくなっていたのです。それぞれが、別々に食べるようになったのでした。

家族解散も、時間の問題だったというのですよ。

おばあちゃんが漬けた漬物は、冷蔵庫にポンと突っ込んであったそうです。

一応、ご飯だけは毎日炊いてあったので、家族はそれぞれが適当に、何か作って食べていたらしいのですね。

そして、どうやらおばあちゃんの漬物は、ご飯のお供になっていたそうです。

やがて、不思議な変化が、少しずつ起こり始めたのでした。

一緒にご飯を食べなかった家族が、少しずつ、一緒に食べるようになったのですよ。

きっかけがあれば、あとは早かったそうです。もともと彼ら家族は、今の状態を、なんとかしたいという想いがあったのだね。

やがて時がたち、娘さん夫婦は、家族みんなでおばあちゃんの家を訪れ、漬物作りを学んだのでした。

おばあちゃんのダイコン

やはり、あるおばあちゃんの話です。

このおばあちゃんのお孫さんが、難しい病気になってしまったのでした。

おばあちゃんは、ダイコンの種を口に含み、種によくお願いしたのです。

……孫の助けになっておくれ

そして、畑に種を蒔《ま》いたのでした。

時がたち、おばあちゃんは収穫できたダイコンを、お孫さんに食べさせたそうです。

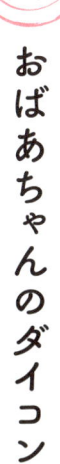

その後、ドクターの治療が急速に成果を上げ始め、お孫さんは回復したのでした。

菌の力

ビー坊が言いましたね。

「ケルマさん、これはいったいどういうことなんですかね？」

「うむ、一目瞭然だ。おばあちゃんは凄い！　ということだ！」

「いや、おばあちゃんが凄いのはわかるけどさ。なんか秘密があるよね？」

「うむ、じつは**菌の力なのだ**」

「菌!?」

「科学者によれば、われわれの身体の大半は、菌の活動によって支えられているというのだ。

栄養吸収したり、血液に変えたりするにも、身体の中で菌が活躍してくれているのだよ。

それだけではない。

菌はさまざまなコミュニケーションを行っているのだ!」

「コミュニケーションですかい?」

「おばあちゃんの作った自然農業のトマトには、肥料も農薬も使われていなかったのだ。だから、地中の菌が生き生きしていたに違いない。

そして、不登校の少年に、何かが伝わったのだ。

おばあちゃんの漬物も、おそらくは、おばあちゃんが手で漬けたものなのだろう。

おばあちゃんの手の常在菌が、なんらかの影響を与えたのかもだね。

おばあちゃんが蒔いたダイコンの種も、おばあちゃんの口内細菌が、なんらかの影響を与えたに違いない」

ベロチュウの神秘

その昔、私はふと、思ったのでした。

……なぜ、愛しあう者たちはベロチュウをするのか？

すると、講座にきた女性が、こう言ったのでした。

「ケルマさん、古代エジプト人は、魂が心臓にあると考えたのです。彼らは、ミイラを作る時、舌の周りを切開したそうです。

そして、舌をひっぱりだすと、なんと！　心臓が繋がって出てくるというんですよ！」

……ガガ～ン！…………なるほど！

西洋人に「心はどこにある？」と聞くと、大抵の場合、「頭」と答えるのです。

しかし、東洋人に「心はどこにある？」と聞くと、大抵の場合「胸」と答えるのですよ。

魂は、心臓にあるのだね。

これには、ある種の真実が含まれていると、私は思うのです。

実際に、心臓移植をしたあと、好みや性格が変化したという事例が報告されているのです。

そして、心臓は舌と繋がっている。

つまり、ベロチュウとは、魂と魂のぶつかり合い（絡み合い）なのだよ！

愛しあう者たちのベロチュウによって、数万の口内細菌がお互いの口内に侵入し、細胞の情報を共有し合うのだ。ヌチュウ～レロレロ……。

ある日のこと。

「菌は、思念を伝達する」という仮説を実証するために、私は2個の卵を用意したのでした。

その名も、「たまこ」と「たまよ」です。

「たまこ」は、そのまま放置プレイ。

「たまよ」のほうは、私の口の中に入れて、やさしく言い聞かせたのでした。

「たまよや……いつまでも美しくいるのだよ……モゴモゴ……」

卵の器にラップをして数日後。何もしなかったたまこのほうは、腐ってエラいことになっていました。


しかし、ベロチュウしたたまよのほうは元気ハツラツだったのです。

2つの卵の状態を見た専門家が、言いました。

「ケルマさん、普通、逆の結果になるはずですよね？」

私は咆哮したのでした。

「菌の力だっ！　私の思念が、菌に伝達したのだっ！」


近年、科学者の研究によって、**「菌には知能がある」**と言われるようになったので

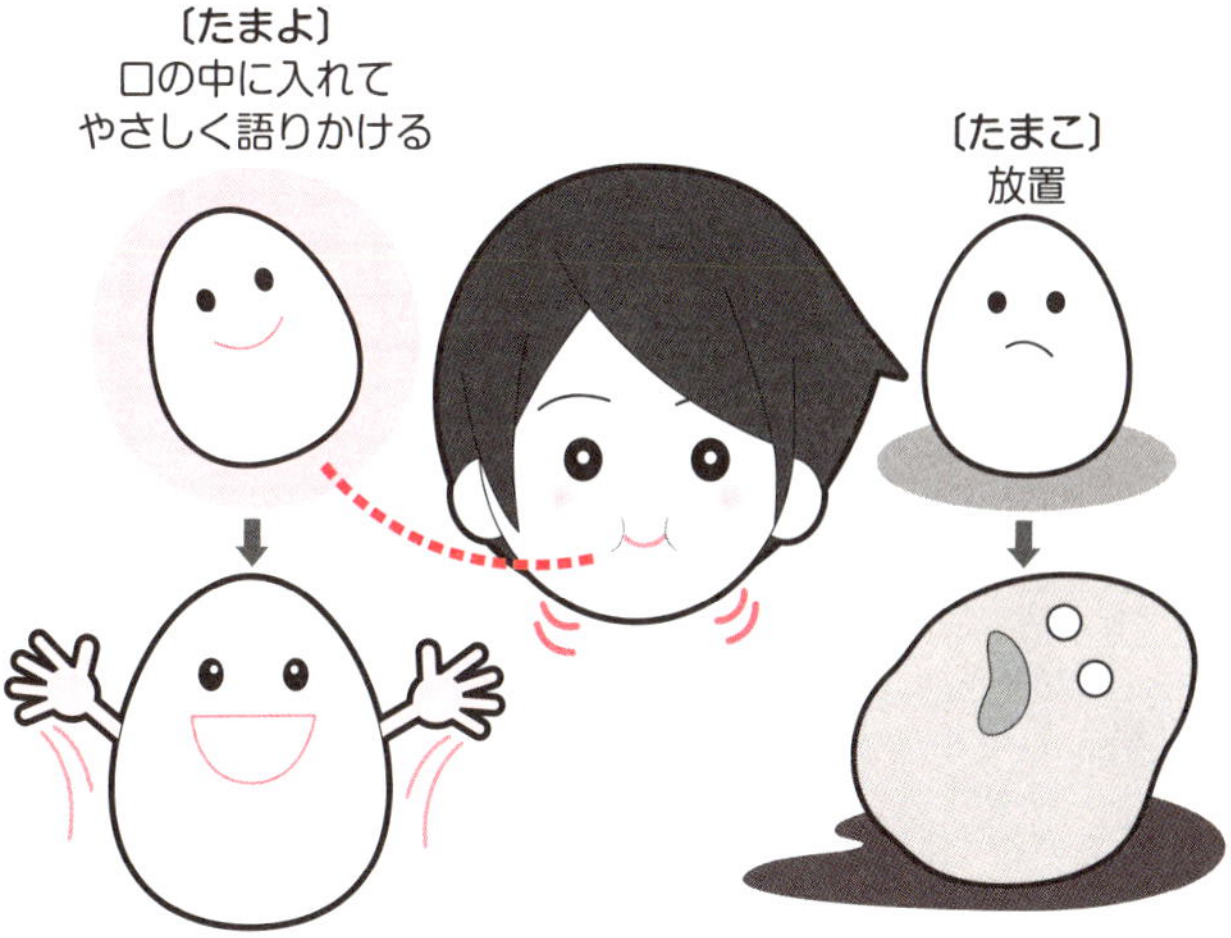

す。

迷路の実験が行われたのですね。

迷路のゴール地点に栄養を置き、スタート地点には菌を置くのだよ。

菌が栄養に到着できるルートはいくつかあるのだがね。菌は試行錯誤の末、最短ルートを選択するというのです。

神経も脳もないのだが、菌は情報を共有しあい、さらには植物同士の根っこと繋がって、超巨大な地球規模のネットワークを形成しているのですよ。

人類は目先のことしか認識できないがね。

菌には数万年を超えるタイムテーブルの認識機能があるかもしれないのです。

ウマシアシカビヒコヂ

古事記には最初に、アメノミナカヌシ、タカミムスビ、カミムスビという三柱の神が登場します。

そして、4番目に登場するのが、ウマシアシカビヒコヂという神なのです。

「ウマシ」は良いものを意味する言葉。「アシ」は葦。「カビ」は黴《かび》と同じで、醱酵《はっこう》するものや、芽吹くものを意味するといいます。

つまり「ウマシアシカビ」が、美味《うま》い発酵食品を意味するとしたら、ウマシアシカビヒコヂとは、菌を意味するのかもだね。

日本の食文化は、発酵食品によって支えられてきたのですよ。

味噌《みそ》に醤油《しょうゆ》にお酒、漬物、納豆などなど。

海外にも、自然発酵の食文化はあります。しかし日本では、古くより菌を純粋培養する技術を確立してきたのですな。

その一つが、麹菌《こうじきん》なのです。

麹菌は、日本の国菌と言われているのだよ。

よく使われる麹菌には、黄麹菌、白麹菌、黒麹菌があるのですが。

まるで、黄色人種、白人種、黒人種みたいだね。

麹菌はアスペルギルス属なのですが、海外ではアスペルギルス属の菌は、人間の健康に害をもたらすと認識されているのです。しかし日本では、古代より麹菌を培養し、仲良くなることに成功したのですよ。


日本は古代より、菌と調和してきたのです。

つまり、シンビオーシスです。

日本がホロンだと考えるなら、、黄麹菌、白麹菌、黒麹菌の三色は、やはり人類を意味するのかもだね。

そして菌は、地中で地球規模のネットワークを作っているのですよ。

菌には意思や感情がある

「さて、ビー坊よ。日本は世界有数の温泉国なのだ」

「やはり、あれっすね。火山とかたくさんあるからっすね」

「そして温泉は、菌との交流場でもある。日本人は古代より、菌と仲良く交流してきたのだ。菌を通じて、他の人とも交流してきたのかもだね」

「日本人に伝わってきた、裸の付き合いって意味っすね！　エッチな意味じゃないほうの」

「日本人は、菌と仲良くすることを行ってきた。

菌には意思や感情があると、私は思っている。

それを忘れてしまうと、菌とのさまざまなトラブルが起こってしまうと、私は思うのだ。温泉や食品で発生する菌のトラブルは、そのことを意味しているのかもしれないなあ」

ビー坊が唸《うな》りました。

「特に最近は、なんでもかんでも除菌除菌除菌っすからね！」

「昔の言い伝えなのだが。女性が生理中の時は、ヌカ床に触れてはいけないと言われたらしい」

「今だったら、炎上案件っすね」

「もしかするとこれは、女性を蔑視しているのではなく、菌に触れる心構えをあらわしていたのかもしれない」

「ほう！　心構えっすか！」

「たとえばだ。村中で一番の美人に米を噛《か》んでもらい、それを発酵させてできたお酒が《福娘》だ」

「《君の名は。》に出てくるヤツっすね！」

「心構えを整えることで、**菌と時空を超えて繋がることは、可能だ**と私は思うのだ。実際、日本人はそれをやってきた。思い出すのだ！」

マコモの気持ち

主婦マコモさんが言いました。

「なんか突然、漬物を作りたいって思いついてね。ネットで調べて作り出したのね」

「ほう？　どうでした？」

「それがね。全然ダメだったのね。すぐにヌカ床がダメになっちゃってね。何回やってもダメ。でも、なんっか私、ムキになっちゃってね。トライし続けたのね」

「あるある！　こんな時は、理屈ではない何かが、人を動かしているものなのだ」

「気づいたら、ヌカ床を混ぜる時に、私、いろいろ話しかけてたのね。で、ある日気づいたのよ。菌がね、私の言葉を聞いてるのよ！」

「きた〜っ！」


その後彼女は、素晴らしく美味《おい》しい漬物を作れるようになったのですがね。不思議なことにその漬物は、食べた人たちにとてもポジティブな影響を与えたというのですな。※マコモさんの感想です。


私は、沖縄で手に入れた自然農のムクナ豆を、口の中に入れて、想いを込めてたっぷりと、ベロチュウしたのでした。

「世界よ！　争いをやめて地球人となるのだ！　モゴモゴ……」

そして、ムクナ豆を土に埋めたのでした。

やがて時が経ち、ムクナ豆が萌え始めたのです。

萌えよ！　超常戦士

超常戦士とは、どこの集団にも所属しない、権威も何もない、ただ新しい世界に向かいたいと願う者たちの呼称なのです。

ムクナ豆を使ったベロチュウ大作戦は、多くの超常戦士たちが参加してくれたのでした。地球人となるためにね。

そしてある日、超常戦士ＩＣＨＩＤＡＩさんが、5粒のムクナ豆から収穫できた、大量のムクナ豆の写真を送ってくれたのです。

ビー坊がビックリしましたね。

「すげー！　たった5粒から！

こりゃ、飢餓問題を解決できるじゃあないっすか！」

「さらにだね。ムクナ豆にはLドーパが多量に含まれていてだな。鬱《うつ》やパーキンソン、多動や発達障害、他にもさまざまな問題に対して役立つのでは？　と、研究されているのだ！

研究結果に期待しよう！」

「おいら、日本の食料自給率100パーセント目指すよ！」

「ひゃっ！　ひゃっ！　ひゃっ！　ピンチは、世界を変革する大チャンスなのだ!!

ムクナ豆だけではない！

超常戦士たちによって、さまざまな作戦が展開しているのだ！」

「ええっ！　いつの間に！」

「見た目や形が悪くてB級品とされた無農薬の農作物を、美味しいブランド商品とする作戦を展開しているのだ！

担い手がなくて、放置されるしかない農地を復活させる作戦も、進行している！

日本の農業を、復活させるのだ！」

菌からのメッセージ

以前に対談させていただいた、ジャーナリストの高野誠鮮さんが語られていたことですがね。

「今の世界のままでは、地球の環境は10年持たないかもしれない」というのです。

だから私は、菌を通じて人類を進化させる方法について、講座で語ったのでした。

さて、講座が終わってから、私たちは渋谷のホテルにチェックインしたのです。

「な、なんだ？　このホテルはっ？」

ホテルに到着した私たちは、たちまちのうちに異次元感覚に包まれたのでした。

すべてがオシャレ。すべてがアート感覚に満たされたホテルだったのですよ。

「な、なんかムダにオシャレだぞっ！」

驚いたのは、それだけではなかったのです。

講座に参加してくれた、作家の青いターミネーターと、マンガ家のたっぺんが叫びました！

「ぁあっ！」

なんと、
室内にあるバスルームが、ガラスで仕切られていて、入浴している人が丸見えになるような設計だったのです。

「こ、これは一体？」

講座を主催している、たっちゃんが言いましたね。

「や、やはり……オシャレで特別な夜のためですかね……」

「お、オシャレで特別な夜のため……」

ちなみに、部屋のトイレを覗《のぞ》いてみた私は、愕然《がくぜん》としたのでした。

せ、狭い！　トイレがめちゃくちゃ狭い！

トイレの中に入ったら、身をよじらせて回転しなければ出られないのです。

ムダにオシャレで広いバスルームに対して、このトイレの狭さはなんだ？

「こ、このトイレ、なんか変だよ！」

……こ、これもまた、オシャレで特別な夜のためなのか？……

部屋の照明はすべて、これまたオシャレなスイッチでした。

しかし、オシャレ過ぎて操作がわかりません。

青いターミネーターは、謎のオシャレスイッチ解明に集中していましたね。

「よし、だんだんシステムがわかってきたよ！」

なんという労苦。

部屋には、これもまたオシャレなドリップ式のコーヒーポットがありました。

しかし、このコーヒーポット、挽《ひ》いた豆専用です。そして、近くにコーヒー豆は見当たりません。

……挽いたコーヒー豆なんて、コンビニには売ってないと思うんだが。

じゃあ、いったいどこからコーヒー豆を持ってきたらいいのだ?……

すべてがオシャレで、アート感覚に満ち溢れていますが、どこか実用性がないような気もします。

幻のファッション雑誌「流行通信」の愛読者のような表情で、青いターミネーターが言いました。

「デザイナーの宮下さんがおっしゃってたんだけどね。ファッションを追求していくと、実用性がなくなっていくんだよ」

突如、たっぺんが叫びました!

「こ、これはっ!」

そこには、アクリル板がありました。

そして、そのアクリル板には、清水文太《しみずぶんた》さんというアーティストの素敵な文章が、白い文字で書き綴《つづ》られていたのです。

「見えない君へ」という文章で始まる、その内容というのがだね。

https://artsticker.app/share/works/13957

君は、人類に警告に来てくれたのだね。（中略）**環境破壊の限りを尽くしてきた。気づいた時には既に余命10年しか残っていなかった。**（中略）
見えない君、たった1マイクロメートルの君に感謝したいと思う。

たっぺんが咆哮しました。

「ケルマさん！　これは、今日の講座で語ったこと、そのまんまですよね！」

「う、うむ！　たった1マイクロメートル、つまり菌のことだ！」

不思議なアート空間のホテルの一室で、震撼《しんかん》するわれわれです。

やがて、たっちゃんが言いました。

「このホテルは、謎だわ！

まるで宇宙人が、地球のホテルを真似て作ったみたいな感じよね。

もしかすると宇宙人は、このメッセージを私たちに届けるために、このホテルを作ったのかもしれない！」

いきなり、とんでもない超推理が発生です！

たっちゃんの超推理が真実だとしたら、このメッセージを伝えるためだけに、宇宙人たちが使った労力や資金、人件費、ハンパありません。

私は思ったのでした。

……菌からのメッセージなのだ……

物語は、進行しているのです。

ゲゲゲのジャポニズム

我がアニメイトのビー坊は、ときおり、真実に触れているんじゃないかと思える発言をするのです。

ビー坊が言いましたね。

「ケルマさん。おいら、思うんだけど。

もし、子どもたちが《ゲゲゲの鬼太郎》を観なくなったら……人類は滅亡します
ぜ」

う〜む。

じつは、私もそう考えているのです。

ペンキ画家のＳＨＯＧＥＮさんが、アフリカの村で、村長に言われたそうです。

「日本人が、虫の言葉を理解できなくなったら、人類は滅亡する」

最近は、「カエルの鳴き声がうるさい」とか、「幼稚園の子どもたちの声がうるさい」とクレームをつける人も出てきているね。

「ビー坊よ！

《ゲゲゲの鬼太郎》の《ゲゲゲ》とは、虫の鳴き声を意味するのだ!!

ゲゲゲの鬼太郎の原作者、水木しげる先生のマンガには鬼太郎を讃《たた》える虫たちの歌が「ゲ、ゲ、ゲゲゲゲのゲ〜♪」と描かれているのだよ！」

妖怪とは、自然とのコミュニケーションなのです。

そして**日本人は太古から、菌と同じように妖怪と親しんできたのだね。**

シンビオーシスしてきたのだよ。

私自身も、何回か妖怪に遭遇したことがあるのです。

ちなみに、妖怪に遭遇したと主張する人たちの中には、不思議な縁に恵まれたという体験が、多々見受けられるのですよ。

ゲゲゲの鬼太郎の原作者、水木先生も、自分が成功したのは、妖怪のお陰だと、ご自身の著書の中で発言されているのです。

ちょいと、実際にあったゲゲゲストーリーを、いくつか紹介してみましょう。

空き家

※常田富士男《ときたふじお》さん（「まんが日本昔ばなし」の声優）の口調でお読みください。

私が幼い頃、昭和40年代に、隣町の空き家が噂《うわさ》になった。
なんでも夜な夜な、空き家に怪しげなものが現れるらしい。
そこで血気盛んな若い男たちが、
「どれ、正体を暴いてやろう！」
といって、夜に空き家へと集まったのだった。
まあ、実際は何もやることがないから、集まって酒盛りをしていたらしい。
当時のエンターテインメントである。

物騒な気配もなく、男たちはワイワイと酒を飲んで騒いでいたらしいが、深夜を過ぎた時、急に家の中の空気が変わったらしい。

「ぉ、おおお？」

部屋の片隅に白いモヤの塊のようなものが現れた。

そのモヤの塊は、部屋中を移動し始めたのである。

「ふぎゃあああ！」

直前まで豪気だったはずの男たちは、大混乱に陥り、這々《ほうほう》の体《てい》で逃げ出したらしい。

これは笑い話として、後々まで人々の話題になった。

この話を聞かせてくれた大人に、

「そのモヤは、なんだったのか？」と、幼かった私は聞いた。

その大人は、

「妖怪だ」と、答えたのである。

味噌汁

※市原悦子さんの口調でお読みください。

私の祖母から伝わった話。

祖母がまだ、少女だった頃の体験だというので、明治の終わり頃だろう。


一人の幼い男の子が、祖母の家にやってきた。

とても可愛らしい男の子だったそうだ。

身寄りがないらしく、しばらく家にいたらしい。

男の子は、お礼に毎日味噌汁を作ってくれたのだが、その味噌汁というのが素晴らしく美味だったそうだ。

家族の誰もが、なんと美味い味噌汁だろうと思った。

……いったい、どうやって味噌汁を作っているのだろう?

不思議に思った祖母は、ある朝、男の子が味噌汁を作る方法を、こっそり覗いたのである。

「ぁあっ!」

なんと、男の子は味噌汁を作る鍋に、オシッコを入れていたのだ。

祖母は、母にこう言ったらしい。

「あの男の子は、東郷湖《とうごう》のしじみの妖精だったんだよ」

小豆あらい

※ナオキマンの口調でお読みください。

夏休みのある日、ピロシくんは、大学の友人の実家に泊まらせてもらいました。

友人の実家は、代々味噌と醤油の蔵を営んでいる古い家でした。

その夜。

縁側で酒を酌み交わしながら、アニメや都市伝説の話をして盛り上がっていたのですが。

ピロシくんはふと、時々奇妙な音が聞こえることに気づいたのです。

音は庭先の向こうから聞こえてくる。

……シャッシャッシャッシャッ……

しばらく音がしたら、しばらく止まり、また聞こえてくる。

……シャッシャッシャッシャッ……

どうにも気になるので、ピロシくんが言いました。

「……あれ、何の音や？　シャッシャッシャッシャッって」

友人が言いました。

「お前、聞こえるんか？」

「うん、聞こえるけど。何の音?」

友人は、嬉しそうに言いました。

「そうかあ、聞こえるんかあ。そうかそうか」

「はあ?」

どうにも的を射ない返答に戸惑っていると、友人はこう言ったのでした。

「時々この土地で、あの音が聞こえる人がいるんや。

お前、きっと良いことがあるで」

「え、なんで?」

「小豆あらいの音や。この地には、小豆あらいがいるんや」

「小豆あらい? 《ゲゲゲの鬼太郎》に

でてくる妖怪か?」

たしかに、小豆あらいがいても不思議ではないロケーションではあるんですね。

友人が言いました。

「うん。小豆あらいの音を聞いた人間は、幸運に恵まれるんや。

そうか、聞こえたか。良かった良かった」

「そ、そうか……」


友人の言葉は、本当だったかもしれません。

その後、ピロシくんは念願の彼女ができたのです。就職も決まり、さまざまな幸運に恵まれたそうです。

ピロシくんが、こう語ってくれました。

「今は、自然環境を守るための微生物の研究をしてます。

もしかしたら、小豆あらいが僕の仕事を助けてくれたのかなって、マジ思ってます」

峠

※松平健《まつだいらけん》さんの口調でお読みください。

N君が小学生の頃、峠のトンネルに幽霊が出るという噂があった。
夜に車で走っていると、いきなりフロントガラスいっぱいに、女の顔が映るという。
幽霊というより、人間を驚かせて楽しむ物《もの》の怪《け》か、妖怪みたいな現象である。

ある日の夜、旅行帰りのN君一家は、深夜、その峠を車で走っていた。
トンネルに突入したとたん、父親が重大発表をしたのだった。
「ピンポンパンポ〜ン…………
みなさん、残念なお知らせです。じつは父さん、ガソリン補給を忘れていました。
ガソリンが足りないかもしれません。

途中で止まってしまう可能性があります」

とんでもない父親のうっかりミスに、家族はパニックになった！

母親が咆哮した！

「あなた!!　もしトンネルの中で止まったりしたら、どうするのよっ！

幽霊がでたら、どうすんのよっ！」

動揺している姉と母に、父親はこう言ったのだった。

「うむ！　トンネルを通り抜けたら、あとはずっと下り坂だ！　ガソリンがなくても、エンジンブレーキをかけながら走行できるやもしれぬ！」

突如発生した無謀なミッションに、巻き込まれる家族たち！

恐怖に包まれたまま、家族を乗せたクラウンは、トンネルを爆走した！

「ナンミョーホーレンゲーキョー！　ナンミョーホーレンゲーキョー！」

「ハ～レルヤッ！　ハ～レルヤッ！」

「ぎゃあて～ぎゃあて～はらぎゃあて～！」

各々、霊的武装を試みる家族たち！

父親が叫んだ！

「みんな！　がんばれっ！　がんばるんだっ！」

母も姉もN君も、心の中では咆哮していた
……あんたのせいだろうが！……

やがて、クラウンはトンネルを脱出し、なんとかかんとか、ガソリンは持ちこたえたのであった。

峠2

その恐怖に満ちた峠を、深夜、私は車で走ったことがあるのだ。

問題はだね。

当時私が乗っていた車は、ビートというオープンカーだったのだよ。しかもその時、私はオープン状態で走っていたのだ。

オープンカーというのはだね。

夏は、日差しが頭をジリジリと焼き、田舎の道路を走れば、農薬散布と肥料の香りをふんだんに味わう車なのです。

しかし、その開放感は絶大だ!

その絶大な開放感のまま真夜中に、うっかり恐怖のトンネルに突入してしまったケルマさんです。

「ひぃい〜、かんべんして〜かんべんしておくれよぉ〜!」

恐怖感、半端ありません。

フロントガラスいっぱいの顔どころか、「だ〜れだ?」って、いきなり手で目隠しされそうな雰囲気をビシビシと感じます。

「グハァアアアッ!」

なんとかかんとか、恐怖と戦いながら、トンネルを脱出したケルマさんでした。

今では、このトンネルもすっかり陰気がなくなり、誰も当時の噂を覚えている人はいない。

だが、**日本人の心の底には、超自然の存在を認識する感受性が、今もたしかにあるのだ。**

それを、忘れてはならない。

妖怪を、霊を、超自然の存在を思い出すのだ！

天狗つぶて

ビー坊が言いました。

「オイラの実家の話なんだけどね。

この前、実家を手放す家終《いえじま》いをしたんだよ。

庭でね、素焼きの皿に、御香を入れて燃やしたんだ。

そしたら、いきなり空から、小さな石が降ってきて、カランカラン！　って。

皿の中に飛び込んできたんすよ。

何もない空から、小石が降ってきた。
で、次の日も同じように、庭で御香を燃やしてたら、また小石が降ってきて皿に飛び込んだ！　こりゃ、何なんすかね？」
私はこう言ったのですよ。
「ああ。それはね、天狗《てんぐ》つぶてだよ。妖怪だ。家が答えてくれたのかもだね」

思い出すのだ。
日本人は古来、自然とコミュニケーションしながら生きてきたのだ。
シンビオーシスだよ。

戦いの果て

エマニエル夫人は、キッシンジャー国務長官をも撃破したのでした。

さて、その後、エマニエル夫人はどうなったのか？

大役を果たした後、私はエマニエル夫人を、同級生に譲ったのでした。もう、戦う必要はないと感じたのだね。

その後、同級生が言いました。

「あのパッチン、母ちゃんにめっちゃ怒られたわ」

今になって思うのだがね。

私のことを受け入れてくれる母がいたから、私は思ったことを、したいようにやってこれたのだ。

男は、とうてい女性にはかなわないのだよ。

日本人のことだまの力

第3章

日本語のスゴい力

私は、ビー坊に言ったのです。

「ビー坊よ。日本語は、世界の言語に比べて同音異義語が異常に多い。これは世界的に特殊な言語で、自然界の音を言葉として理解してしまうんだね。そしてその逆もまた真なりなのだ。

日本語は、言語を自然に伝達できるのだよ。

つまり、言語を世界に反映させることができるのだ！」

「ええっ？　そりゃあいったい、どういうことですかい？」

「ことだまといってだね。日本人は発した言葉が現実世界に反映すると考えてきたのだね。」

古くから伝えられている伝承では、言葉を発することで天候をコントロールしたり、望む状況を創り出すことができたというのだ。

ほとんどの日本人は、忘れてしまっているがね。

日本語には、スゴい特殊能力がある。

そして海外のオカルティストたちは、この日本語の力を恐れてきたのだ」

青いターミネーターが、著書『前祝いの法則』（フォレスト出版）で紹介した「予祝《よしゅく》」は、予《あらかじ》め祝いの言葉を発することで、望む未来を創り出す日本古来の所作なのです。花見をしたり、鍋をしたりしながら、皆で予め祝いの言葉を発するのですよ。

「ありがとう」ということだまを発することで、世界が変容するという思想もありますね。それはたしかに、世界に反映するのです。

「ことだまをビジュアル化した有名なケースがあるぞ。踊り念仏の創始者、空也上人《くうやしょうにん》だ！」

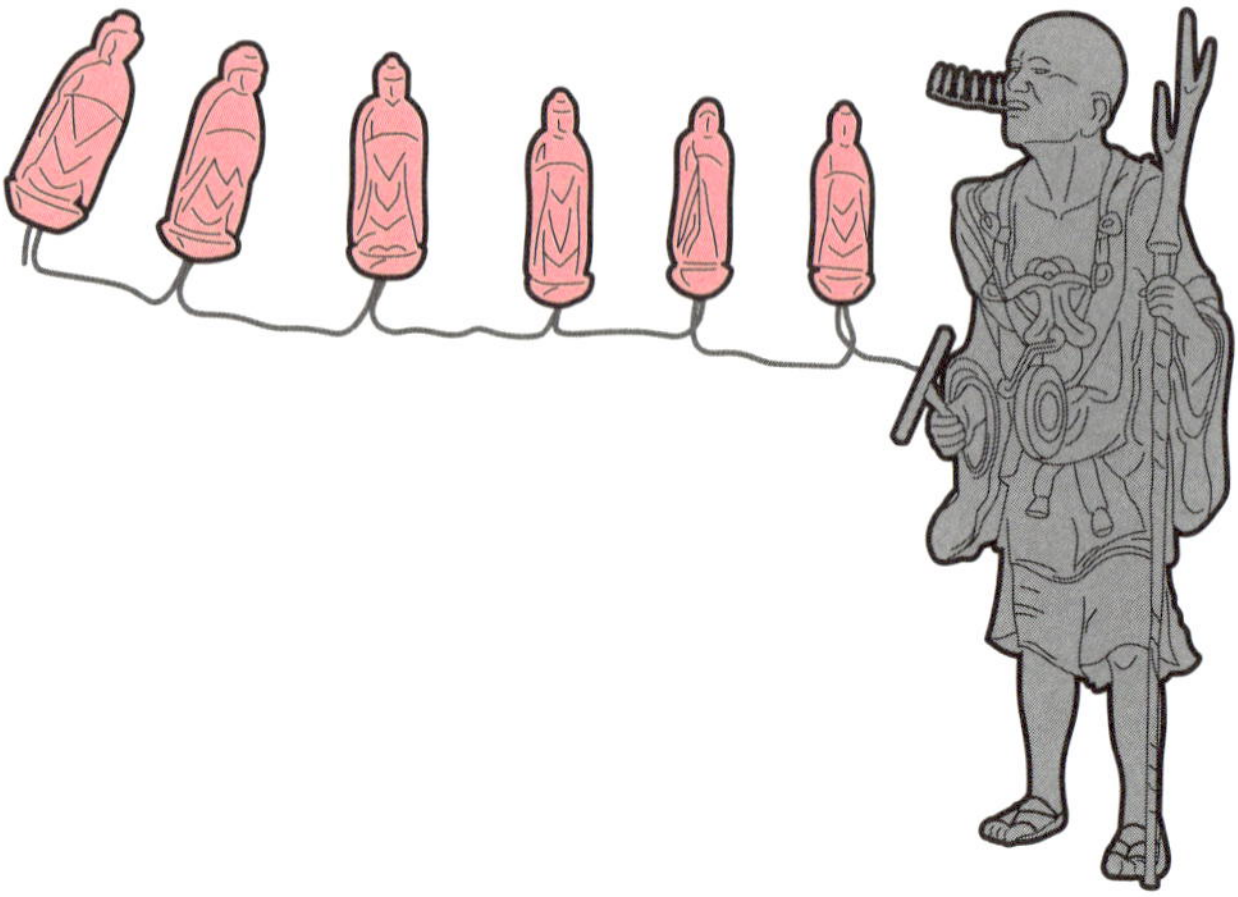

「空也上人って、歴史の教科書に載ってますぜ！」

私が、口から六体の仏が出現するという空也上人の写真を見たのは、中学の歴史の教科書でした。

先生が、淡々と説明しましたね。

「空也上人が念仏を唱えると、口から仏が出てきたのです……」

「ぉおおおおお！」

同級生たちに、衝撃が走りました!!

「空也上人は、鉦《かね》を打ち鳴らしながら念仏を唱え、一般民衆に仏教を伝えたのです……。民衆は、踊りまくりながら、念仏を唱えたのです……。

これが、踊り念仏です……」

「おおおおおおおおおおおおお！！！」

同級生すべてが、空也上人の超常的なビジュアルに衝撃を受け、その画期的なアクションに刮目《かつもく》したのでした！

口から仏が……。

これは……今でいうＪＯＪＯ（漫画「ジョジョの奇妙な冒険」）のスタンド（超能力）なのだっ！

だがしかし、これはいくつもの像が残されている、歴史的事実なのですよっ！

多くの人々が目撃者となったのです。

歴史の教科書にも載っている、事実なのだっ！

そういえば空也上人、なんとなく矢沢永吉《やざわえいきち》さんにも似ておられます。当時の民衆たちのフィーバーぶりが、想像に難《かた》くありません。

もしかすると矢沢永吉さんは、空也上人と時空を超えて共鳴しているのではないのか……。

歴史が語るところによるとだね。空也上人に触発され、若いイケメンのお坊さんたちが、集団で踊り狂いながら、念仏を唱えたというのです。

「これは、嵐やSMAP、キンプリ（King & Prince）などの原型なのだ！　彼らのことだまは、時空を超えて現代にも伝わっているのだっ！」

ある女性が、ご主人を病気で亡くされたのでした。

失意のせいで、彼女の身体には異変が起きたのです。

まだ若いのに、生理が止まってしまったのでした。

やがて数年経った時、彼女はテレビで、キンプリを観たのでした。

……えっ！

その直後、生理が復活したそうです。

ある日、彼女は悲痛な声で、私に連絡してきました。

「ケルマさん……キンプリが、キンプリが解散しちゃったんです……」

私は、こう言ったのです。

「じゃあ、金爆《きんばく》（ゴールデンボンバー）ではダメですか？」

「ダメ」と言われたケルマさんでした。

バーベキュー作戦

ある日、私は友人のラオウ一家とバーベキューを楽しんでいたのです。

ラオウの娘さんのリナが、妹のカナちゃんのことを心配していました。

カナちゃんは、女優になる夢を叶《かな》えるために、アメリカで暮らしていたのです。

しかし、なかなかチャンスに恵まれなかったのですよ。


私は咆哮しました。


「リナよ！

この、バーベキューというシチュエーションが良いのだ！

バーベキュー、そして鍋は、われわれの意識を人類20万年の集合無意識と繋げてくれるのだ！」


ゴリラやチンパンジーは、巨大な脳を維持するために、1日8時間食べ続けるのです。生食だからね。消化吸収に、時間がかかるのだよ。

しかし、人類は火を使って調理する方法を手に入れたのです。

その結果、食事に使っていた8時間は、グンと短縮されたのだね。
火や鍋を使って調理することで、焼き肉将軍や鍋奉行が自然発生し、政治経済の基礎が構築されたのです。
※参考図書『火の賜物』(リチャード・ランガム著、NTT出版)

「はい、この肉いけるよ！
あんたは、もっと野菜食べないとね。
このしらたき、今がチャンス！
あ、そのちくわ、まだだからね！
最後のしめはご飯？　麺？」

鍋やバーベキューは、人類20万年の無意識とリンクするのです、
私の言葉が信じられないのも、無理はなかろう。では、考えてみたまえ。

なぜ、1日の労働時間は、だいたい8時間と決まっているのか？

ゴリラやチンパンジーの時代の名残なのだ。


私は咆哮しました。

「今、われわれはラオウのバーベキューを楽しんでいる！

人類20万年の集合無意識と繋がっているのだ！

ならば、ことだまで物語を紡《つむ》ごう！

カナちゃんは今、アメリカにいる。

女優としてスタートするなら、まずはネットフリックスだ！

カナちゃんがネットフリックスのドラマにでた！

リナよ！　カナちゃんのシーンは、どうだったかね？」

「すっごく、良かったです！」

「ラオウよ、どうだったね？」

「いやぁ、もう、良かった！　みなさん、ありがとうございます！」

ラオウ、家族と広島東洋カープを愛する男です。

「ネットフリックスから、今度はドラマのレギュラーに！　そしてスピンオフだ！」

バーベキューをしながら、物語はグイグイと進んでいったのでした。


次の日、ホテルで目覚めた私は、ラオウ一家と朝食を食べたのです。

リナが言いました。

「朝方、カナから連絡がありました。ネットフリックスに出演するって！」

ラオウ

もう一つ、ラオウに関するエピソードを語っておこう。


ラオウは広島で、先代の会長から引き継いだ会社を経営しているのです。

なぜ彼がラオウと呼ばれるのか？

彼は激しい性格でね。その暴れっぷりから地元では、広島のラオウと呼ばれてきたのだよ。

それだけではない。

ラオウの子どもたちが、ケンカして大騒ぎしている時、風呂から飛び出したラオウは、全裸のまま怒鳴りまくったのでした。

「おまえら！　いいかげんにしろぉおお！！！」

ラオウの奥さんによると、怒りのあまり眼球の血管が切れて、血が出ていたそうな。

以来、家族からは裸王とも呼ばれているのです。

さて、そんなラオウですがね。

その昔、彼が会社を引き継いだ時、会社は大いなる危機にあったのです。

数億の負債を抱え、とてつもない暗闇がたちこめていたのだね。

しかもその時、ラオウの奥さんは妊娠中だったのでした。

そんな最中。銀行の頭取が会社にやってきたのです。ちょうどラオウは不在だったので、奥さんが対応したのですがね。

頭取は、奥さんの大きくなったお腹を見て、こう言ったのでした。

「こんな大変な時に子どもなんて……あんたら、なに考えてるんですか？」

じつに、心ない言葉です。


帰宅したラオウは、傷心の奥さんから頭取の言葉を聞き、地が割れんばかりに怒り狂ったのでした。

「許さん！　許さんぞぉおお！　怒鳴り込んぢゃるわあああ！」

家族は、必死で制止したのですよ。しかし、ラオウの怒りは収まりません。

ラオウは、激しく言い切ったのでした。

「なにがなんでも！　見返して後悔させちゃるわあああああっ！」

さて、その後です。
怒りのエネルギーはラオウを鬼神のごとく動かしました。そして大きな流れが起こってきたのです。

会社は、すべての負債を解消し、奇跡の大躍進をしたのでした。

そんなある日、あの頭取が、会社にやってきたのです。
頭取はその後、銀行を退職してから警備保障会社に転職していたのでした。
彼は、自分の警備保障会社に仕事をくれないかと、やってきたのです。
ラオウの中で、過去の怒りが溢れましたね。
彼はこう言ってやろうと思ったのです。
……お前！　あの時になんて言ったか覚えてるかっ？　ふざけんなよ！

すると、会長が言ったのです。
「採用してあげなさい」
ラオウは、びっくりしました。
会長は、理由を語ったのです。
「こう言ってやればいい。
ありがとう。あんたのおかげで、わしらはこんなに成功したよ」
シンビオーシスとは、怒りを無視することではないのだよ。

怒りを創造的に使うことなのだ。

植物との対話

グスタフ・テオドール・フェヒナーは、ドイツの物理学者、哲学者、心理学者として、20世紀の科学者や哲学者に多大な影響を与えたのです。

彼はさまざまな実験を行い、検証していくタイプで、単に頭だけで考えるだけの人ではなかったのですよ。

フェヒナーはある日、実験で目を痛めてしまい、目を保護するための目隠し生活を、しばらく続けたのでした。

そしてある日、目隠しを取った時、なんと植物の妖精が見えるようになっていたのです。

彼はその体験をもとに、『ナナ　あるいは植物の精神生活』という本を書いたのでした。

私はビー坊に言ったのです。

「私も、フェヒナーと同じように実験を重ねて、気づいたのだ。植物に対して、人間が与えてあげられる重要なことが！」

「なんなんですかい？　ケルマさん？」

「話しかけることだ。

植物に必要なのは、人工肥料よりも農薬よりもなによりも、話しかけることなのだ。


ことだまは、伝わるのだよ。


植物たちにとって、とてつもない栄養となるのだ！」

自然農について、私が語れるのは、これだけなのです。

そう、たったこれだけなのですよ。

植物は、あなたと同じく、意識ある存在なのです。

あなたの言葉を聞いているのです。


そしてね。あなたの言葉を聞いているのは、植物だけではないのですよ。

雲作戦

「ビー坊よ。

日本語で発した言葉は、現実世界に影響するのだ。

空也上人が発した念仏が具現化したように。また、文字も力を持っている。

たとえば、《敗北》の《北》という文字は、背中を向けて逃げる様を表すのだ。

だから古来、北を意味する北斗七星を掲げたら、相手は負けて逃げ出すという伝承があるのだよ。

北斗七星を掲げ、《お前はもう死んでいる》ということだまを発すれば、どんな敵でも指先ひとつでダウンさ！」

「ぉおお！　そんなエビデンスが！」

「ことだまを発して世界を変容させるためには、何かの形にしたほうが効果的だ。

そこで私が提唱するのは、《雲》だ」

「は？　雲？」


ある一家が家を新築したのです。

すると、２階の子ども部屋の息子さんが、夜眠れないと訴えたのでした。

父親は、息子のベッドの階下に神棚があることに気づき、これが原因かなと思ったのですね。

父親は、紙に「雲」という字を書いて、神棚の上の天井に貼ったのでした。

すると、その日から息子さんは、安心して眠れるようになったというのです。

「ほとんどの人は、スマホ中毒だ。

スマホを通して、ネットからさまざまな情報を受け取り、影響されている。

そのほとんどは、戦争や災害や事件などの否定的な情報だ」

「たしかにね。イヤになる情報が多いから、見たくないよ」

「スマホからの情報に振り回されるのではなく、ネットを通じて世界を変容させるのだ。まずは、白い紙に墨で《雲》という字を書く。

そして、それをスマホで写真に撮る。

その画像をスマホ画面に表示し、スマホに向かってことだまを発するのだよ！

《争いはおしまいだ！

共に生きるのだ！》と」

「そんなんでいいんですかい？」

「うむ、実はだね。スマホはわれわれの会話を聞いているのだよ」

「ええっ！」

「たとえば、ビー坊が何か興味があることについて友人と話したりしたとしようか。するとだね。ネットを検索した時、友人と語っていたことが検索結果に引っかかったり、広告で出てくるなんて体験はないかね？」

「あるある！　あるっすよ！　ありゃあ、なんでですかい？」

「スマホが聞いているのだよ」

「ええ〜っ！」

「だからこそ、逆にこちらが情報発信するのだ。ことだまを使って！

雲とはクラウドだ。ネットワーク世界なのだよ！

そしてスマホは聞いている。世界すべてが聞いているのだよ。

ことだまを発するのだ！

《争いはおしまいだ！

共に生きるのだ！》」

ビッグ・コンピューターよ！　私の言葉を聞くがよい！

つい先日、私は愛媛で開催された「超常農業フォーラム」に参加したのです。超常公務員ゆうきくんも、エレクトロ・カルチャーで参加してくれました。

エレクトロ・カルチャーとは、電気エネルギーを利用した農業法です。木製の棒などに銅線を巻いて、畑に突き刺しておくと、農作物に良い影響を与えると言われているのです。研究者の中には、劣悪な土地環境を改善させると主張する人もいるのですね。

私は、自然農と地球について語ったのでした。そして、畑で種を蒔き、クリスタルボウルの演奏をするのです。

農作業が一段落して、クリスタルボウルの演奏にはいろうとした時、私のスマホが鳴動しました。

見ると、Amazonからメールが来ていたのです。

ケルマデック様

種・苗・土をお探しですか？　おすすめ商品をご案内します……。

私は、アマゾンで農業関係を検索したことはないのです。私がAmazonで検索するのは、本か画材かプラモぐらいなのだ。

私はすぐに、スマホで「雲」の画像を起《た》ち上げたのでした。

そして、スマホに咆哮したのです。

「世界を支配するビッグ・コンピューターよ！

私の声を聞いていただろう！

わかっているぞ！

スマホよ！　ビッグ・コンピューターに伝えるがよい！
《争いは終わりだ！》
《共に生きるのだ！》」

個人や国が、争いや混乱に向かおうとしている今だからこそ、私は咆哮するのです。

ヒミコさん

古代の日本において、シンビオーシスを発動させた女性がいました。

ヒミコさんです。

2世紀の日本では、倭国《わこく》大乱といい、多くの勢力が争って、大変な時代があったのですね。

どんなに王が、争いを鎮《しず》めようとしても、収まらない。

その時、非常に不思議な力を持った巫女《みこ》が王となり、争いを鎮めてしまったのです。

ヒミコさんですよ。

爆弾が落ちてくると泣き叫んだ女の子の話を、しましたね。

女性には、不思議な力があります。

巫女の力です。

ヒミコさんは、強力な霊力を持った巫女だったと言われています。

すべての人の痛みを感じ、そして、すべての人に感じさせることができたのかもしれません。

ヒミコさんの力によって痛みを感じた人々は、争いをやめたのです。

語り部によれば、**ヒミコさんが歌を歌ったら、すべての人が争いをやめたというのですね。**

そして、共に生きようとし始めたのです。

ヒミコさんは、強大なことだまの力を持っていたのですよ。

復活の邪馬台国

1年前から私は、まるのさんという女性に招かれ、徳島に行くようになったのです。

そして、ちょうどその頃から徳島で、ある異変が発生し始めたのでした。

「邪馬台国《やまたいこく》は、阿波の国（徳島）だった」という説が激しく浮上し始めたのです。

まるのさんが、言いました。

「昔から、徳島は邪馬台国だったとか、剣山《つるぎさん》には旧約聖書に登場するアークがあるって聞いてはいたんですけどね。

剣山山頂

あまり真剣には受け止めてませんでしたね。
へ〜っ、そうなんだ〜。くらいでした。
それが最近、論拠や証拠を研究する会とか、激しく主張する研究者が現れてきてね。
いったい、これはなんなんでしょう？」

今まで、邪馬台国は九州説と畿内説に分かれていて、徳島説はまったくといっていいほど、知られていなかったのですね。

当然ながら、さまざまな知識人たちが、理屈に満ちた反撃をし始めました。

感情的な反撃も多かったですね。

邪馬台国について、さまざまな研究者たちが熱く語り始めたのです。

さて、私はおもしろいと感じましたね。
なぜ今、徳島なのか？　なぜ、邪馬台国なのか？
するとある日、邪馬台国の記憶があるという男性と、出会ったのです。

邪馬台国から来た男　鳥取県在住　Gさん

「まだ、幼稚園の時です。
僕は自分のことを、邪馬台国に住んでいたと語ったんです」
「ほう！　邪馬台国ですか？」
「僕には、年の離れた姉がいるんですが。
幼い時に邪馬台国のことを語ったら、姉が言ったんですね。
《ぁあっ！　邪馬台国のお方ぁあっ！》って……。
そして、ことあるごとに僕を、

《邪馬台国のお方ぁあああっ！》ってイジるんですよ。

《やはり、邪馬台国のお方は違うわねぇえ！》とか、
《なによ！　邪馬台国のお方のくせに！》とか、
《ぁあ～もう！　邪馬台国のお方はっ！》とか……」

「う～む……邪馬台国って、いったい……？」

「姉にイジられ続けて、前世とか、生まれる前の記憶とか、一切封印するようになりましたね」

「そりゃあ、いかんかったですねぇ」

「あれから30年以上になりますか……最近、実家に帰省しましてね。

家族で初盆のことを話しあって。ちょいと話がこじれたらね。姉が言うんですよ。

《ちょいとあんた！　邪馬台国にも初盆とかあったでしょ！》って」

「姉が……！　姉がしつこい!!」

「邪馬台国とか、も～いいです。

ほんと、勘弁してほしい。ほとんど覚えてないし」

「そうですか……」

「邪馬台国の記憶は覚えてないですけどね。

ただ、今の世界はおかしい。このままではいけないと、強く感じます。

今、変わる時が来てるんじゃないかな」

私は、細かい理屈など、どうでも良いのだ。

邪馬台国がどこにあったかは、どうでも良いのです。

重要なのは、今のこの混乱した時代に、

邪馬台国のヒミコさんという存在を思い出すことなのだよ。

ヒミコさんこそ、シンビオーシスを発動させ、世界に平和を取り戻した女性なのです。

日本の集合無意識を動かす力

映画「1/4の奇跡」を監督した、ふーちゃんこと、入江富美子《いりえふみこ》さんが語ってくれました。

「的中率90パーセントって言われてる予言者がいるんだけどね。彼が私に言ったのね。なぜか、日本に関する予言だけは、外れるって！」

私はこう答えたのです。

「日本人は集合無意識を動かす力、半端ないからね」

そうなのだ。

今こそ日本人のことだまで、世界を変える時なのです。

そして、それをできるのはヒミコさんしかいないと、私は考えたのでした。

ヒミコさん復活

ヒミコさんとは、日の巫女なのです。卑弥呼と書かれているのは、貶《おとし》めるための当て字なのです。
日靈女と書くならば、ヒルメとなるから、アマテラスさんのモデルとなったのかもしれないね。

……よし、剣山の近くで、ヒミコさん復活の儀式を行うのだ。

剣山には、旧約聖書に登場する神器、アークが埋まっているという伝説があるのです。

この日本はね。すべてあるのですよ。世界中のすべての神話や宗教や伝承が、存在しているのですね。

なぜなら、日本はホロンだからね。シュタイナーさんが述べたように、世界中の神々から大悪魔にいたるまで、すべて集まるのです。

すべて調和させるためにね。

それが、シンビオーシスなのです。

そんなある日、私はツィンバロンの演奏家、斉藤《さいとう》浩《ひろし》さんに会ったのでした。

斉藤浩さん

斉藤浩さんは、アジア初のツィンバロン演奏者として有名な、世界的ミュージシャンなのです。

ツィンバロンは、弦を叩《たた》いて幽玄な音を出す楽器なのですね。

彼は、阪神・淡路大震災の体験後、ずっとツィンバロンによるチャリティー演奏会を行ってきたのでした。

私は彼に、こう言ったのです。

「アマテラスさんが岩戸に籠《こ》もった時、アメノヒワシという神さまが、打弦楽器を叩いて音楽を奏でたんです。

日本には、固有の打弦楽器はないんですね。おそらくアメノヒワシさんは、海外から打弦楽器を持ってきた神さまです」

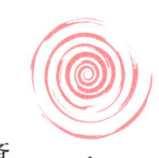

「はい、もしかすると、僕のツィンバロンと同じものだったかもしれないですね。徳島の神社で、アメノヒワシさんが演奏した楽器が打弦楽器だと聞いた時、腰が砕けそうになりましたよ」

「そして、天の岩戸の功績により、アメノヒワシさんは、徳島の始祖神となりました。徳島の忌部《いんべ》氏の祖先です」

斉藤浩さんが、こう言ったのです。

「じつは僕、母方のルーツは徳島なんです」

その直後、事件が起こったのでした。

斉藤さんが大事にしていた、イラン製のツィンバロンが、ある人物によって無残に破壊されるという事件が起こったのです。

斉藤さんは、とてつもなく落ち込み、激しく苦しんだのでした。

私は咆哮したのです。

「これより、円卓会議を行う！　超常戦士たちよ！　集結するのだ！」

われわれ超常戦士たちは、お好み焼き屋さんに集まり、円卓会議を行ったのでした。

「破壊されたのは、イラン製のツィンバロンなのだ。

皆も知っての通り、中東は今、大変危険な状況なのだよ。イランが衝突し始めたら、世界は大変なことになるのだ。

だから私は、徳島の剣山近くで、ヒミコさんを復活させる演奏会を行う！

ヒミコさんの持っているシンビオーシスの力を、みんなに思い出してもらうのだ！」

ヒミコさん復活のアイデアを伝えたところ、斉藤さんは、参加したいと言ってくれたのでした。

物語は、進み始めたのです。


さて、それからしばらくして、斉藤さんから連絡があったのです。

「信じられないミラクルが起こりました！

きっとみんな、びっくりするよ！」
なんと斉藤さん、素晴らしいお仕事を手掛けることになったのでした。
良かった。良かった。
さて、次はヒミコガールズだ。

世界の痛み

まさに、縁とは不思議なものなのです。
以前から、私の演奏会に出演してくれた女性たちが、ヒミコさん復活に協力してくれることになったのでした。
観音舞の伝え手　古田《ふるた》絢子《あやこ》さん　みこちゃん
カタカムナの唄い手　むっちゃん
「虹の家族」の唄い手　かれんちゃん
メディスンドラムと舞のＡｋｏちゃん

クリスタルボウルのエビスさんと、くみさん、まるのさん

私はこう伝えたのでした。

「みなさん、世界の痛みを表現してください。戦争で殺される子どもたち、飢えで苦しむ子どもたち、その母親の苦しみを感じてみてください」

私は今回、世界の痛みを表現したかったのです。
世界で起こっている痛みを無視して、愛だの光だのハッピーだのと語ってもだね。
私には、胡散《うさん》臭いインチキにしかみえないのです。
この世界は、痛みと悲しみに溢れているのだよ。
実のところ、こんな世界は滅びてしまえ！
とゆーのが、ひねくれた私の本音ではあるのだがね。

少なくとも子どもたちには、新しい世界へと向かっていってほしいのです。

6000万人のヒミコさん

演奏会当日。われわれは、ヒミコさんの墓といわれている天石門別八倉比売《あめのいわとわけやくらひめ》神社に参拝したのでした。

ふと、空也上人のことを思い出しましたね。

やはり、矢沢永吉さんは、空也上人と共鳴していたのであろうか？

矢沢永吉さんのファンは、自分自身が矢沢永吉になってしまうのです。とてつもないパワーですよ。

時空を超えて、エネルギーは共鳴するのです。

ただし、今回共鳴するのは女性なのですよ。私はね。権力や地位を持った男性たちには、な～んの期待もしていないのだ。

6000万人のヒミコさんを、復活させるのだ！

ヒミコさんのお墓

天石門別八倉比売神社

カレー王子

純白のステージ衣装を着た斉藤さんに、私はこう忠告したのでした。

「この純白の衣装は、非常にデンジャ～だ……。

決して……カレーうどんを食べてはならない！」


今回の会場は、旧約聖書に登場する神器「アーク」が隠されていると囁《ささや》かれる剣山の近くなのです。

今月の６日から、新番組「ウルトラマンアーク」もスタートしたしね！

これは、アークに刮目せよというメッセージなのか？　あるいは、「日本にはアークがある！」という主張なのか？

それとも、皮膚だか服だかわからん存在から、応援されているのか？

旧約聖書によるとだね。
アークが起動するには、生贄《いけにえ》として「赤牛」が、必要だというのだ。
だから、音楽演奏の前に、我々は赤牛のカレーを食べる儀式を行ったのです。
アークをめざめさせるためにね。
このカレー、高知産の赤牛なのだ。
しばらくして、斉藤さんが、叫びました！
斉藤さんのスプーンが、突然滑ったのでした。
「ぐはぁあああっ！」
彼の純白衣装に、カレーが……
カレーが直撃だぁあああっっ！
……涙目の斉藤さんです。
勃発したピンチに、ヒミコガールたちが女子力を発揮しました！
彼女たちは、葉っぱのデコレーションを斉藤さんの衣装に装着し、カレーの痕跡を隠したのです。

「ぁあっ！　カレーの痕跡が見えなくなったぁあああっ！　ステキ〜っ！」

葉っぱのデコレーションで、エレガントな雰囲気を醸し出す世界的ミュージシャン斉藤浩……。

真実の姿は、カレーを浴びた男である。

カレー王子、爆誕です。

演奏会

やがて私、ケルマデックの偏った主観に満ちた、お話と演奏会がスタートしたのでした。

ケルマさん語り

「私は、単なるガイダンスです。
私の言葉は信じなくていい。
ヒミコさんの力を思い出していただきたいのですよ。

みなさん、ヒミコさんの力を思い出してください。

今日、ヒミコさんは復活します。
邪馬台国は、どこにあるか？
天の岩戸は、どこにあるか？
ヒミコさんは、どこにおられるか？
みなさんの、心の中にあるんです」

榊《さかき》を持って顔を伏せ、うずくまっている巫女たち

巫女の一人が太鼓を、ゆっくりと叩く
時折、拍子木が、カシャン！　と響く
「今の、この世界で、何が起きているのか？
ありのままの姿を、感じてみましょう
……耳を澄ませてみましょう」
戦争のサウンド・エフェクト
遠くから、かすかに聴こえてくる、哭《な》き女たちの哭き声
「感じるのは、世界中の、飢え、虐げられている子どもたちの痛みです。
世界の痛みです。
この、地球の痛みです。
今まで無視してきた世界の痛みです」
太鼓が、だんだんと激しく鳴り始める
哭き声は、多くなり、やがて激しい慟哭《どうこく》となっていく
拍子木が激しく鳴り響き、哭き女が、絶叫する

うずくまっていた巫女たちが、半身を起こし榊を震わせる
太鼓の激しい響き
うずくまったまま、悲しみや苦しみを表現する哭き女と巫女たち
激しい笛の音と共に、いったん、全楽器の演奏が止まる
カレー王子によるツィンバロンの幽玄な調べ
「私たちは、たくさんの過ちを犯します。
神々ですら、過ちを犯してしまうことがあります。
そして日本の神は、すべての罪、穢《けがれ》を払い、
清め、流してくれるのです」
巫女たちが、ゆっくりと立ち上がり、優しく舞いだす
ケルマ「大祓詞《おおはらえのことば》」を詠唱する
詠唱が終わり、しばらくしてからフェードアウト
「みなさん
残酷な古い世界を手放す時がきました。

共に行きましょう。
新しい世界に、共に行きましょう」
巫女舞い
カタカムナ歌
虹の家族

※即興

全員
激しくうち叩く拍子木と共に、終演

少女が世界を救うのだ

私は、ビー坊に言ったのです。

「さて、倭国大乱の後、ヒミコさんのおかげで邪馬台国は、しばらくは平和だったのだがね。

ヒミコさんが亡くなられたあと、国はまた再び荒れだしたのだ。

男たちは、混乱を収めようとしたが、うまくいかない。

そこで今度は、13歳のイヨという少女が、王になったのだ！」

「13歳っすか？」

「うむ！　イヨさんは、ヒミコさんの能力を受け継いだ存在だったのだ」


みなさん、想像してみたまえ。

荒々しい闘気に満ちた男たちを前にして、愛らしい少女が、

「戦争、やめてね……」

と訴えるシーンを。

……萌えええぇぇ〜……

すべての男たちは、一瞬にして「萌え」のとりことなり、戦意を喪失したのです。

萌えが、世界を救うのだ！

だってイヨはまだ、13だから……。


「イヨさんの力により、再び平和が戻ったのだよ。

邪馬台国が、徳島を中央とした連合国家だったとしたら、その痕跡は四国に残っているのかもだね。

古事記によれば、愛らしい姫が生まれたから《愛媛》と名付けたとある。

ラブリープリンセスだ！

そして愛媛は、《伊代の国》と伝えられてきたのだ。イヨの国だ！」

「……ってえことは、ケルマさん！

今の混乱した世界に、再び現れるんすかね！

世界を平和にするラブリープリンセスがっ！」

「ひゃっひゃっひゃっひゃっひゃっ！

やがて、歴史が証明してくれるだろう！」

理屈や武力では、解決にならない。

愛らしい少女が、世界を救うのです。

日本には、少女が世界を救うという原型が、存在するのかもしれません。

アニメには、少女が世界を癒やす物語が、たくさんありますね。「風の谷のナウシカ」や「魔法少女まどか☆マギカ」「美少女戦士セーラームーン」などなど。

根本にあるのは、深い共感能力とことだまの力を持つ、ヒミコさんの力だと、私は思うのです。

13歳のおむすび

ある日私は、菌に関するお話し会をしたのでした。

その時に、菌の力を体感してもらいたいと思い、おむすびのワークをしようと考えたのですね。

衛生面などに注意を払い、ことだまをおむすびに込めてもらうわけなのだがね。

やはり、おむすびを握る人物が重要なのだ。世俗にまみれた中年男性に、おむすびを握ってもらっても、どうにもダメダメな気がするのです。

すると、お話し会に参加していた13歳の少女がいたのでした。

「良かったら、おむすび作ってくれるかな？」

「はい。わかりました」

少女が、ちまちまと、小さなおむすびを握り始めました。握りながら、癒やしのことだまを込めていきます。

会場のみんなが、萌えぇ～となりましたね。

……かわゆす
……かわゆす
……かわゆす
「今、お母さんにあげるおむすび作ってます……。

お母さん、ずっと元気でいてね……お母さん、ありがとう……」

……かわええ

……かわええ

……かわええ

会場にいたみんなが、萌え〜となりましたね。そして、男たちはおむすびに群がったのでした！

……わしんじゃああ！

……わしのおむすびじゃああ！

……わしのじゃああ！

めちゃくちゃ大人気でした。

スターボーズ

こじょうゆうやさんは、農業を営みながら、「星の坊主さま」として作家活動やクリエイティブな発信をされているのです。

彼は、ステキな文章を書くのですよ。
私は彼を、スターボーズと呼んでいるのだ。

「ぼくの農業は、野菜たちへの声がけが中心なんです。
収穫する時にもね。野菜たちに話しかけるんです。
すると《わ～っ！》て、もう騒がしいくらいに答えてくれるんですよ。
野菜たちが一斉に喋《しゃべ》るんです。
連れてって！　連れてって！
あたしあたしあたし！
連れてって！
あそこに行きたい！
ここに行きたい！って。
もう、うるさいくらいにね」

スターボーズは、ことだまを使い、植物とコミュニケーションしているのです。
自然農の最重要なところ、それは、肥料や農薬ではなく、話しかけることなのですよ。ことだまを使ってね。

私はこう答えたのでした。

「いわゆる宇宙人について調査している研究者が、語ってくれたのだがね。
宇宙人たちは、こう言ったらしい。
人類が地球人となって宇宙に向かうためには、植物とコミュニケーションできるようにならないとダメだと」

やはり重要なのは、ことだまなのだよ。

そしてある日、スターボーズからメールが来たのでした。

「ケルマさんの元へ行きたがる野菜たちって、いったいどんな子たちなんだろうと思い、今回ご連絡させていただきました」

スターボーズから送られてきた野菜たちは、めちゃくちゃ元気いっぱいでしたね。騒がしいくらいに！

特にとうもろこしが、超絶美味しかったです。

こりゃあ、ちょいと表現できない美味しさでしたね。

スパークマン

私はある日、パン屋で仕事をしている、つばさくんに出会ったのでした。

彼は、仮面ライダーが大好きな永遠の小学生なのですよ。私は彼に、私がつけていたライダーの赤いマフラーをプレゼントしたのです。
つばさくんは、絵を描くのが得意なのですね。彼の描く絵本が見たいと思った私は、絵本用のお話を書いてみたのでした。

「スパークマン　ゆうこ」　ケルマ作

ゆうこは　へんなやつだ
せんせいの　いうことは　きかないし
よく　うたを　うたったりする
「ゴーゴー！　スパーク
ゴーゴー！　スパーク♪」

さわぐから　いつも

せんせいに　おこられてる
ゆうこは　いつも　すきなことばかり　してる

きらいな　じゅぎょうのときは　よく
スパークマンの　えをかいてるんだ
そんなときは　おとなしくしてるから　せんせいも　おこらない

ぼくらはよく　スパークマンごっこをした
ゆうこは　おんなのこだけど　スパークマンが　だいすきだ
ぼくは　かってもらったスパークバッジを　ゆうこにみせた
「スパークマンだぞ！
ゴーゴー！　スパーク♪　ゴーゴー！　スパーク♪」

ゆうこが　いった

「あたしも！　あたしも！　かして！　かして！」
「だめ　だめ　スパークマンに　なるには
スピードが　ひつようだ
よし　スパークマンに　なるための　とっくんを
しよう」

まいにち　ぼくらは　とっくんした
「給食を　はやくたべたほうの　かちだ
よーい　どん！」
ゆうこは　たべるのが　おそいんだ
「ほんを　はやく　よんだほうの　かちだ
よーい　どん！」
ゆうこは　ほんをよむのが　おそいんだ

絵　つばさ画伯

なにをしても　ゆうこは　ぼくに　かてなかった
ゆうこが　なきだした
「うわぁあ～ん！　うわぁああ～ん！」

そのよる　ふとんのなかで　ぼくは　おもった
……スパークバッジを　かしてあげよかな……

あるひ　がっこうにいったら
ゆうこは　いなかった
せんせいが　いった
「ゆうこさんは　ほかの　がっこうに　てんこうしました」

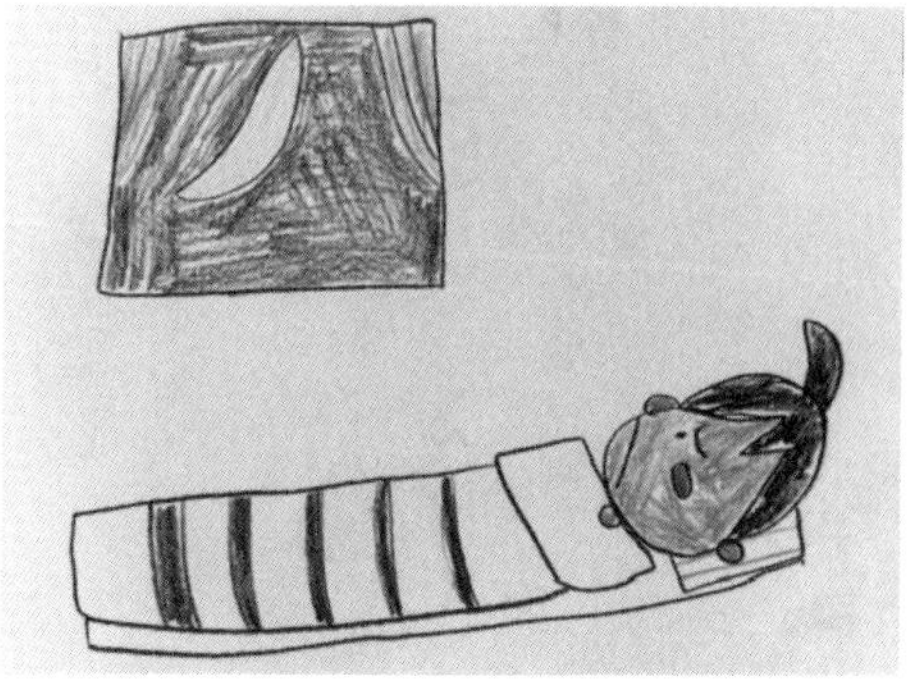

ゆうこ　いなくなっちゃったんだ
いなくなっちゃったんだ

たくさん　じかんがたった
ぼくは　おとなになって　おおきなまちで　はたらくようになった
ゆうこは　ふるさとで　はたけしごとをしたり
パンをつくっているらしい
ぼくは　まいにち　いそがしくて
ふるさとや
スパークマンや
ゆうこのことを
わすれた

あるひ　とつぜん　そらが　くらくなった

でんきが　とまった
でんしゃも　とまった
すべてが　とまった
くるひも　くるひも
なにもかも　とまったままだった
やがて　まちには　たべものがなくなった
みずも　なくなった

どうしよう
どうしよう
どうしよう

そんなあるひ
まちに　おおきな　くるまが　やってきた

くるまの　なかには　たくさんのパンと　みずと　やさいがあった
「わたしたちが　つくった　パンとやさいです
たべてください」

みんなが　よろこんだ
ありがとう
ありがとう
ありがとう

パンと　やさいを　くばっていたのは　ゆうこだった
ゆうこだって　すぐ　わかったよ
だって
ゆうこは　むねに　かみねんどでつくった

スパークバッジを　つけていたんだ

「スパークマンの歌」
ゴーゴー！　スパーク♪
ゴーゴー！　スパーク♪
まーもれー　みんなのー　いのーちをー
まーもれー　みんなのー　えーがおをー
みんなでー　いっしょにー　いきるんだー
きみもー　ぼくもー　スパークマンさー

おしまい

これは、シンビオーシスの物語なのだ。

星の物語

第4章

人は世界に意味を見出し、物語を紡《つむ》ぐのです。

古来、人が紡いできた物語のひとつが、占星術なのだ。

星々に意味を与え、神話を紡いできたのだね。

天王星――革命と科学の物語

1781年に、天王星が発見されました。


同時に、アメリカは独立戦争の最中で、その後、フランス革命も起こりました。

イギリスでは、産業革命が激しくなり、エネルギー革命や工業化によって、人々の価値観や生活は、大きく変わっていったのですよ。

当時、8億だった世界人口は、爆発的に増大したのですね。その影響は今日まで続き、現在、世界の人口は80億です。

そして、科学が急激に進化し、石油や電気、核エネルギーに至るまで、人類は今までにない、とてつもないパワーを扱うようになったのですな。
とてつもないリスクと共にね。

天王星は人類規模で、革命と科学の物語の旗印となったのですよ。

天王星の名前は、ギリシャ神話のウラヌスからきています。
ウラヌスは、今までにない、新しい生命を創造する女神なのです。

冥王星——死の国の王

1930年には、冥王星が発見されました。
世界には激しい圧力が生じ、各地で流血の事件が多発し始めたのでした。
そしてヒトラーが登場し、世界は人類史上最大の戦死者をだした第二次世界大戦へと、突入していったのです。
そして、ある元素が発見されました。
その元素は、冥王星にちなんで、プルトニウムと名づけられたのでした。

冥王星の名前は、ギリシャ神話のプルートーからきています。
プルートーは、冥府の神。つまり死の国の王なのですよ。

ケイロン——医療の神

1977年、小惑星のキロンが発見されました。

この年、無人探査機ボイジャーが打ち上げられたのでした。
このボイジャーには、ゴールデンレコードと呼ばれる記録媒体が搭載されたのです。
宇宙に存在しているかもしれない地球外知的生命体に、地球の生命や文化を伝えるためのレコードです。

その頃、スイスの精神科医エリザベス・キューブラー・ロスは、死んでいく人のための医療活動を提唱していました。

多くの人が、彼女の提唱を支持し、死を受け入れるための医療としてホスピスが確立していったのです。

人類は、未知の世界を受け入れ始めたのだよ。

キロンの名前は、ギリシャ神話のケイロンからきています。

ケイロンは、安楽死を受け入れ、癒やされて未知の世界に旅立つ医療の神なのです。

いよいよ、《あれ》が出てくる

ある日私は、星読みの専門家ふぇみにゃんと、話したのでした。

「ケルマさん。私はケルマさんが、冥王星について話すんじゃないかなあと、思ってたのね」

「ぉお！　まさしくそうなのだ！

ふぇみにゃんよ！　よくぞ見抜いたな！

いよいよ冥王星が、本格的に水瓶座に入るのだ」

「2024年の11月から、本格的に水瓶座に入りますよ」

「冥王星は、大きな変動などを意味するよね。以前に、冥王星が山羊座に入った時は、リーマンショックが起きた」

「世界の経済が揺らぎましたね。

山羊座は、物質的な社会の仕組みですから」

「そして水瓶座は、今までの常識を吹き飛ばすような存在や、新しい価値観、そして調和と友愛を意味するのだ。

いよいよ、《あれ》が出てくる」

「うん。もう、出てきてますね」

「いよいよ《あれ》の存在を、人類は認識することになるのだ！」

《あれ》とはなにか？

今までの常識を吹き飛ばすような科学や観念、フリーエネルギーや超常的な力、新しい価値観や生き方、そして宇宙人なのだ。

「今の星の動きは、フランス革命の時とリンクしてるかもしれません。フランス革命といえば……《ラ・セーヌの星》ですね！」

「おお！《ラ・セーヌの星》！

あれは、すごく面白いアニメだぞっ！」

いにしえのアニメ、「ラ・セーヌの星」について、おおいに盛り上がるケルマさんとふぇみにゃんです。

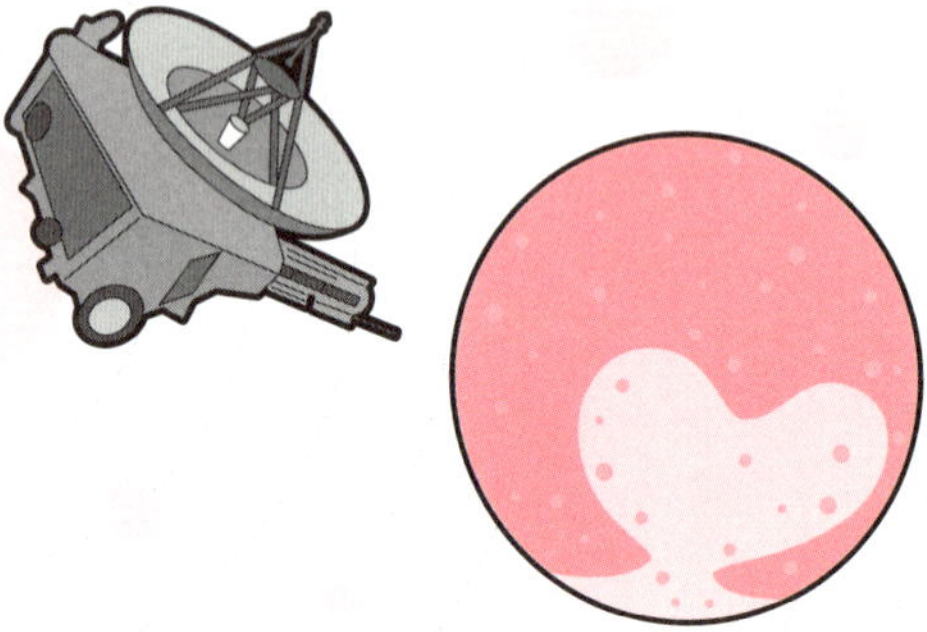

冥王星のハート

ふぇみにゃんが、冥王星について語りました。

「日本時間、2015年7月14日の20時49分に、NASAの無人探査機ニューホライズンズが、冥王星に最接近したのね。

ニューホライズンズから、冥王星の画像が送られてきたんだけど、冥王星には、大きなハートの形が浮かび上がっていたんです」

「冥王星にハート？」

「冥王星の徹底的な破壊と再構築は、大きな愛なのよ」

「ううむ。冥王星、めちゃくちゃスパルタンですな。たしかに人類は、徹底的な大きな衝撃を受けなければ、気づかないのかもしれないのだ」

「ちなみに、画像が送られてきた瞬間、日本時間、２０１５年７月14日の20時49分の星のチャートをみてみましたら、５ハウス　蟹座に星が集まってます。

蟹座太陽と、魚座カイロンがトライン（１２０度）。

ＤＳＣ《ディセンダント》獅子座の金星と木星の合。

なんとなんと、どこを切っても、愛というメッセージがあふれていました」

「太陽には、牡羊座天王星がスクエア（90度）。

金星には、蠍座土星スクエア。

火星の真向かいに、冥王星の変容の徹底的さを感じますね。

冥王星とは、こういう星だよというメッセージに思えます」

「徹底的ではあるが、愛に満ちた星なのだね。

今は、冥王星は惑星から外されて、準惑星になってしまったね。

私的には、何か意味深い変化があったように思うのだがね。

ふぇみにゃん的には、これは、どうだろうね？」

「はい、私も**冥王星は、変化したのだと思います**。

２００６年の8月24日、準惑星に再定義された時から、冥王星はあきらかに影響力が落ちたと、占星術では言われていますね」

「影響力が落ちた？

あの店のカツ丼、最近味が落ちたよね～、店主体調良くないのかな～みたいな？」

「私の個人的な感覚ですが、影響力が落ちたというよりも、特に、2015年のニューホライズンズ以来なのですが、冥王星のとらえかた、影響、解釈そのものが変わったような気がするのです」

「冥王星が変わった！惑星も成長する！

こりゃあ物語だよね」

「これはとても意味深いことです。冥王星は、おそらく、そもそも怖い存在ではないのだと思います。たしかに、冥王星が発見された頃、核兵器も生まれましたが。その前後から、シュタイナーやグルジエフ、《指輪物語》のトールキン、たくさんの思想や心理学も生まれてきました。

太陽が光だとしたら、冥王星は確かに闇ではあるのですが、ネガティブなものではなく、

聖なる闇といいますか、やっぱり大きな愛。

イモムシからチョウチョに生まれ変わるような」

「あるある。

最初はネガティブで絶望的なオーラをまといながら、実は愛に満ちてましたってアニメキャラ。

なんか、《魔法少女まどか☆マギカ》の、ほむらちゃんみたいなイメージなんだが」

「多くの物語の主人公は、最初、光を隠していますが、やがて光を使えるようになりますよね。

引き渡してしまった力を取り戻したり、生きかたを再発明していきます。

そんな大きな愛の意味が、強まったと思います」

「忘れられていたヒミコさんが、復活する物語かもだね。

喪失と再生の物語だ。

冥王星が変化し、成長したのだとしたら、それは人類の意識の成長物語なのだ。
冥王星を見ている、われわれの意識の進化なのだよ。
そして、人類の喪失と再生の物語なのかもしれないのだ。
その冥王星が、いよいよ水瓶座に突入する。
水瓶座は、新しい時代と調和を意味するのだ。
シンビオーシスだよ」

シンビオーシス鍋

坂本龍馬さんは、敵同士を仲間にしてしまうという、特殊技能を持っていたのです。

その特殊技能で、彼は薩長同盟を手助けし、倒幕運動は大きく前進したのでした。

では、敵同士を仲間にしてしまうという特殊技能とは、なんだったのか？

それは、「鍋」なのだ。

坂本龍馬さんは、話し合いの時、必ず鍋をしたというのです。

前に書いたように、**鍋や焼き肉は、人類20万年の集合無意識と繋がる異次元ゲートなのだよ！**　坂本龍馬さんは、鍋と繋がる男だったに違いない。


地球の未来のために、大いなる調和の意思を持って鍋を囲む、それが、シンビオーシス鍋なのだ！

シンビオーシス鍋の実行手順

まずは、具材を揃《そろ》えます。

具材は、なんでも良いのだよ。

BGMも、重要なポイントです。

天の岩戸開きを意識しながら、楽器を奏でるのもポイントが高いです。

下ごしらえをしたら、美味しそうな香りを味わいながら、まずは興奮してください。

「はふ～ん！」

気合いが大事なのです！

みんなで鍋を囲み、「共に生きるのだ！」「シンビオーシス！」などと激しく叫びながら、具材を投入します。

「俺たちが世界を変えるんだ！」という意気込みが必要です。

あなたの紡ぐ物語が、重要なのだ！

この時、鍋は世界の中心、ホロンとなり、世界と共鳴するのです。

ワイワイと楽しんでいるうちに、鍋奉行が自然発生してきます。

鍋奉行の指示に従い、シンビオーシスを感じます。


鍋が煮え始めたら、鍋の精霊「エマニエル」を召喚しましょう。

「エマニエル夫人」のテーマソングなどを歌うのも、風情があって良いでしょう。

「チャラら♪　チャラら♪　チャラらら♪　今♪　煮え~る♫」

ふざけることが大事なのだ!

ふざけるとは、巫山戯《ふざけ》る。

つまり、神仙で神の巫女と遊び戯れる意味なのだよ。

日常の意識から離れ、超意識に繋がる作業なのだ。

遊びなのだよ。
そして「遊」とは、神が船に乗って動く会意兼形声文字なのだ。

天の岩戸開きと同じなのだよ。
世界を動かすために、巫山戯るのだ！

大事な人たちを守るために、巫山戯るのだ！
なぜなら、人類が生き残る道は、シンビオーシスしかないからだ。
シンビオーシスの物語を、みんなで紡ぐのだ！

エピローグ

私は真剣な眼差しで、静かに語ったのです。
「これが、ことだまによって、鍋にシンビオーシスを発生させるポーズです！
では、先生、お願いします！」
メイド服を着た少女が、胸の辺りに手でハートを作り、甘く囁きました。
「美味しくなぁれ！　美味しくなぁれ！　チュッ！」
……かわええ
……かわええ
……かわええ
「萌えが、世界を救うのだ！」

私の心の中に、少年時代に作ったエマニエル夫人が蘇《よみがえ》りました。

……どんなに失敗しようとも

……何回失敗しようとも

……やり直すのだ

……人類よ！　地球人になるのだ！

おわりに

地球が誕生した時、地球上には「土」が存在しなかったのです。あるのは岩石と水だけでした。

今では、地球のほとんどを、土が覆っているね。

「土」の正体、それは「菌」なのです。

地球に発生した微生物の活動の結果なのだね。

そして菌は知能を持ち、地球規模のネットワークを作っているのですよ。

菌のネットワークによって構築された「地球」は今、人類がさまざまな臨界点に達したので、新しいステージに向かおうとしているのです。

そして、この本に書いたように、菌はあなたの言葉を聞いているのだ。

菌だけではない。コンピュータネットワークも、あなたの言葉を聞いているのだよ。

地球は、進化途上の巨大な生命体なのです。

そして人類は、地球人として意識の覚醒を求められているのかもだよ。

地球にしてみたら、人類が進化に失敗して滅んだとしても、たいしたダメージではない。数万年したら、また新しい種が発生してくるのだからね。

さて、私は幼い時から、ずっと考えてきたのですよ。

成功とかお金持ちになるとか有名になるとか、そんなくだらんことは、ど～でも良い。世界の混乱が収まって、地球人の意識が目覚めるためには、どうしたら良いのか？と。

武力や経済や権力で、世界をまとめようとしても、それはうまくいかないのです。

人類すべてが、一斉に変化しなければ、今の人類が抱えている難局を乗り越えることは難しいのだね。

1990年代、ニュー・サイエンスという分野で、「百匹目の猿現象」という言葉が、広く知られるようになりました。

ある特殊な行動をする猿が、百匹に到達したとたん、世界中の猿が同じ行動をし始めるようになったという、逸話ですな。

当時、この現象を知った時は、嬉しかったですね。

生物学者のライアル・ワトソンが「生命潮流」という著書で紹介したこの逸話は、ライアル・ワトソンが創作した話しではないかと騒がれたりしたのでした。

しかしだね。類似の現象は、古くから多く発見されているのです。

「百匹目の猿現象」とは、種の「進化」というべき現象なのですよ。

では、進化はいつ、どこから始まるのか?

私は今、この日本から始まると考えるのです。

日本は、「ホロン」だからね。「ホロン」は、世界と共鳴するのです。

そして**日本語には、その役割が秘められていると、私は考えるのですよ。**

それが、ことだまなのです。

人類の進化を発動させるためにも、今こそヒミコさんを思い出すのだよ。

一人一人がヒミコさんのことだまの力を発動し、世界の争いと絶望を終わらせるのです。

「共に生きる」ということだまを発し、世界を動かすのだ。

何も難しく考える必要はないよ。

あなたが誰かとベロチュウする時、ご飯を作る時、鍋を作る時、そしてある時はスマホに向かって、「争いは終わりだ！　共に生きるのだ！」とことだまをぶちかますのだ。

ことだまは、世界に影響するのです。

占星術では冥王星の影響によって、２０２４年11月より、人類は大きな変容に突入すると言われています。
冥王星は、「冥土のみやげに聞かせてやろう」というセリフにあるように、「死と再生」を意味するのですね。そして近年、天文学者によって、冥王星の表面にハートマークが発見されたのです。
今こそ、両手でハートマークをつくり、「冥土ハートアタック」のことだまをぶちかますのだ！

「萌え萌え〜キュン！」

２０２４年10月吉日

超常戦士　ケルマデック

ケ

ケルマデック

どの団体にも所属せず、一切の権威を持たない超常戦士。自分自身で経験し、確認することが重要だと考えるセルフメイドマン。実験や検証をして確認した、さまざまなテクニックを駆使して、人生の可能性を拡大するための独自のセッションを、40年近く行なっている。農業関係者と協力しあい、各地で自然農業フォーラムを開催。また、「死」を受容するためのフォーラムも行なう。音楽家やイラストレーターとしても活動しており、各地でコンサートや個展を行なっている。最終学歴、自動車学校卒。中二病。

著書に『すばらしきUFO・銀河連合・アセンションのひみつ』『時空を変える設定にオン！』（ともに徳間書店）、『異次元とつながる本』（総合法令出版）、『地球統合計画NEO』（エムエム・ブックス）などがある。

ことだまのちから

第１刷　　2024年10月31日

著　者　　ケルマデック
発行者　　小宮英行
発行所　　株式会社 徳間書店
〒141-8202　東京都品川区上大崎３-１-１
目黒セントラルスクエア
電話　編集（03）5403-4344／販売（049）293-5521
振替　00140-0-44392

印刷・製本　三晃印刷 株式会社

ISBN978-4-19-865913-4

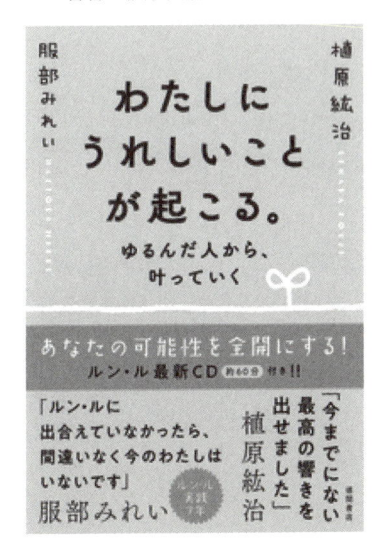